Lynnie und Dennis Walker sind sehr gute Freunde von uns und es hat uns viel Freude bereitet, ihre persönliche Geschichte zu lesen. Sie erzählen uns aus ihrer Kindheit, wie sie sich sehr jung gefunden haben, heirateten und dann im entlegenen peruanischen Dschungel lebten bis hin zu Begegnungen im Himmel in der Gegenwart. Wenn Sie lesen, wie ihr Glaube geprüft wurde und gereift ist, werden Sie besser verstehen, wie Gott mit jedem von uns handelt.

Genauso wie Gott sie auserwählt hat, so hat er auch Sie dazu ausersehen, Großes für Ihn zu erreichen. Beim Lesen der aufregenden Erlebnisse in ihrem Leben werden Sie ermutigt, nach Ihrer eigenen Bestimmung zu suchen.

„Begegnungen im Himmel – Vom peruanischen Dschungel nach Las Vegas“ ist ein aufregendes, herausforderndes Buch, das Ihnen vom Anfang bis zum Ende gefallen wird.

Dr. A.L. and Joyce Gill
Gill Ministries
Big Bear, Kalifornien, USA

Gott gestaltet in unserem Leben einen schönen Bilderteppich und Lynnie Walkers Buch „Begegnungen im Himmel – Vom peruanischen Dschungel nach Las Vegas“ beschreibt dieses Abenteuer begeisternd detailliert! Sie erzählt ehrlich von ihrer eigenen Reise und gibt Ihnen damit Schlüssel, wie Sie eine hohe Sensibilität gegenüber der Stimme des Herrn entwickeln können. Das Buch fordert Sie heraus, die eigene Komfortzone zu verlassen und Gottes Stimme kompromisslos zu gehorchen – also halten Sie sich fest!! Das, was wir auf der Erde tun, hat wirklich Auswirkungen im Himmel und für alle Ewigkeit. Lynnie ermutigt Sie zu einer neuen innigen Verbindung mit Jesus, damit wir durch die göttlichen Synergieeffekte ohne Diskussionen gehorchen. Auch die Fähigkeit, die Initiativen des Himmels zu erkennen und diese durch die Gaben des Heiligen Geistes auf die Erde zu bringen – also auf der Erde zu tun, was man im Himmel sieht –, wird vertieft. Diejenigen, die ihren Gott kennen, werden Großes für Ihn erreichen. Lynnie und ihr Ehemann Dennis leben genau so – sie tun nur das, was sie den Vater tun sehen.

Jill Austin
Master Potter Ministries
Hollywood, Kalifornien, USA

Lynnie Walker hat eines der bemerkenswertesten Bücher geschrieben, die ich je gelesen habe. Man kommt sich vor wie in der Apostelgeschichte. Diese wunderbare Erzählung beschreibt, wie Gott ganz gewöhnliche Menschen wie Lynnie und Dennis Walker gebrauchen und sie aufrichten kann, um für ihren Herrn Jesus einen außergewöhnlichen Dienst zu tun. Über die Zeichen und Wunder und Begegnungen im Himmel hinaus sind meine guten Freunde Dennis und Lynnie Menschen mit gottesfürchtiger Integrität. Sie wurden beide in christlichen Elternhäusern erzogen und ihre erwachsenen Kinder lieben alle den Herrn. Sie haben wirklich etwas zu sagen und dieses Buch wird Auswirkungen auf Ihr Leben haben. Ich empfehle es sehr!

Dr. Che H. Ahn
Harvest International Ministry
Pasadena, Kalifornien, USA

Begegnungen im Himmel

Vom peruanischen Dschungel nach Las Vegas

Begegnungen im Himmel

Vom peruanischen Dschungel nach Las Vegas

Lynnie Walker

Veröffentlicht von Dunamis ARC
Ein Arbeitszweig von Christian Life Community, Inc.

Titel der amerikanischen Originalausgabe:
Heavenly Encounters from the Peruvian Jungle to Las Vegas

Originalausgabe: Dunamis ARC Publishing, Las Vegas, Nevada, USA

Übersetzung aus dem Amerikanischen: Heidi Schöberl

Bibelzitate wurden der Rev. Elberfelder–Übersetzung entnommen.

1. Auflage 2010
2. Auflage 2011
3. Auflage 2012

In Deutschland gedruckt.
ISBN 978-1-4507-0636-0

Sie können sich gerne mit Lynnie & Dennis Walker in Verbindung setzen, um sie als Sprecher zu Ihrer Konferenz oder in Ihre Gemeinde einzuladen.

Kontaktadresse: Dunamis Resources
2413 Jubilance Point Ct.
North Las Vegas, NV 89032, USA
www.DunamisARC.org

Gestaltung & Design: Carina & Christian Öchsner
carinachristian@gmail.com

Fotos: Mit freundlicher Genehmigung von Dennis Walker

Weitere Bücher von Lynnie Walker: Family Life Transitions
Ten Ways God Speaks

Dunamis ARC Publishing
Das **Dunamis** – **A**postolic **R**esource **C**enter ist wie der Sauerteig des Königreiches Gottes. „Ein bisschen Sauerteig durchsäuert den ganzen Teig." Wir wollen durch unser Leben und unsere Materialien die Menschen zu einem Leben in der Kraft (*griechisch: Dunamis*) des Heiligen Geistes führen und dadurch die letzte große Erweckung mit vorbereiten.

Widmung

Im Alten Testament richteten Menschen Steinhaufen auf, um an Gottes Taten zu erinnern. Heute schreiben wir Bücher.

Ich widme dieses Buch meinem Herrn Jesus Christus in Dankbarkeit für alles, was Er in meinem Leben bis heute getan hat.
Ich widme dieses Buch auch meinem Ehemann Dennis – es handelt zur Hälfte von ihm.

Unseren beiden Eltern, Jack und Gladys Enlow sowie Frank und Allene Walker, die uns in Ehrfurcht vor Gott erzogen haben. (Bevor ich dieses Buch in Druck gegeben habe, ist mein Vater verstorben. Ich bin Gott dankbar für ihn und seinen gottesfürchtigen Einfluss auf mein Leben.)

All den wunderbaren Menschen, die mein Leben beeinflusst haben: Mentoren, Freunde und Familie.
Und schließlich ist dieses Buch meinen drei Kindern und ihren Ehepartnern gewidmet: Unserer Ältesten Tracie und ihrem Ehemann Paul Ogando, unserem Sohn Denny Walker und seiner Ehefrau Aimee, unserer jüngsten Tochter Kelly und ihrem Ehemann James Kallas. Ich liebe Euch und bin dankbar für Eure Hingabe an den Herrn. Mögt Ihr mit Gott weit kommen!

Danksagung

Mein besonderer Dank gilt denen, die mir in diesem Projekt geholfen haben:

Joyce Gill und Tracie Ogando (meiner Tochter), die viele Stunden Korrektur gelesen haben – wenn Fehler enthalten sind, dann habe ich sie hineingebracht.

Dank an James Kallas (meinen Schwiegersohn), für die Informationen zur Herausgabe des Buches.

Danke auch meinem Mann Dennis für seine Computerfähigkeiten und die Antworten auf unzählige Fragen, die ich ihm gestellt habe.

Ein besonderes Dankeschön an Carina Oechsner für die kreative Gestaltung des Bucheinbands und an Christian und Carina Oechsner für ihr technisches Wissen, ihre Layout-Fähigkeiten und die Buchgestaltung. Gott hat sie aus dem fernen Deutschland zu uns gebracht. Mit ihren vielen Fähigkeiten und ihrer Hingabe machen sie uns das Leben im Büro deutlich leichter.

All diese Menschen haben Zeit und Energie eingebracht und ich bete, dass Gott sie in besonderer Weise segnet.

Inhalt

Vorwort

Ich bin in Orlando im US-Bundesstaat Florida geboren, habe aber siebzehn Jahre meines Lebens auf dem Missionsfeld in Peru in Südamerika verbracht, davon sieben Jahre zusammen mit meinem Ehemann Dennis. Die Küstenwüste, die hohen Berge der Anden und der weite Dschungel sind Ausdruck der geographischen Vielfalt und der Schönheit dieses Landes. Jeder Peruaner merkt sofort, dass ich Spanisch in der Dschungelgegend gelernt habe, da ich einen „Charapa"-Akzent habe. Dieser hat sich allerdings mit der Zeit unter dem Einfluss der verschiedenen lateinamerikanischen Akzente, mit denen ich zu tun hatte, abgeschwächt.

Seit 1985 leben wir in Las Vegas. Die von kahlen farbreichen Bergen umgebene Wüstenlandschaft ist ganz anders als der Dschungel, hat aber ihre eigene Schönheit. Wichtiger noch als die Landschaft sind jedoch die Menschen, die der Herr so gerne berühren möchte. Ich habe gelernt, dass wir unseren von Gott gegebenen Lebensort lieben müssen, um im Dienst effektiv zu sein. Kürzere Abschnitte meines Lebens habe ich auch in Mississippi, Missouri, Florida, Texas und Georgia verbracht. Dennis hat in Washington, Kalifornien, Missouri, Michigan, Georgia, Texas und Florida gelebt.

Als ich diese Autobiographie über Dennis' und mein Leben schrieb, wurde mir bewusst, dass ich durch die vielen kurzen Geschichten eine spezielle Form gewählt habe. Dieses Buch ist für sehr beschäftigte Menschen geschrieben, die vielleicht nur einen kurzen Abschnitt auf einmal lesen können.

Ich wünsche mir, dass unsere Suche nach mehr von Gott Ihnen in Ihrer Suche nach Ihm hilft. Gott kennt kein Ansehen der Person; was Er für uns getan hat, wird Er auch für Sie tun, wenn Sie Ihn im Glauben suchen.

Lynnie Walker

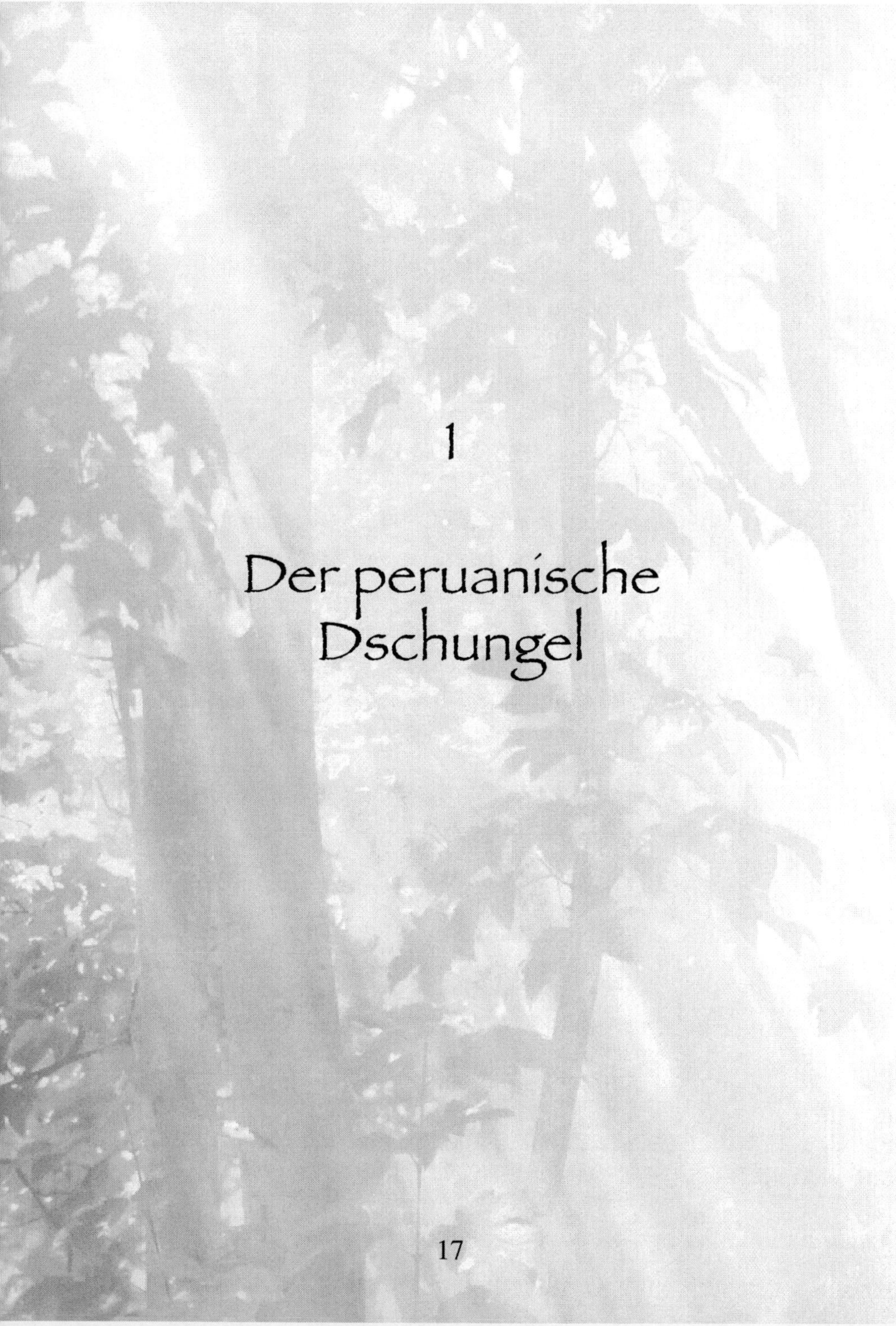

1

Der peruanische Dschungel

Einfaches, primitives Leben

Eine Anakonda im Fluss

Als ich mich hinhockte, um Wäsche in einem schokoladenfarbenen Fluss des peruanischen Dschungels zu waschen, entdeckte ich plötzlich eine gefährliche Anakonda, die in der Nähe vorbeiglitt. Ich hatte schon mehrere Jahre lang in verschiedenen Flüssen gewaschen, gebadet oder aus ihnen getrunken, aber dies war meine erste Begegnung mit einer Wasserschlange.

"Dennis, schau mal!", rief ich meinem Mann zu. Er war dabei, Wasser aus dem erdigen Fluss in eine Tonne zu füllen. Wenn sich der Dreck gesetzt hatte, verwendeten wir das Wasser zum Trinken. Er sprang in ein Kanu und jagte der Anakonda hinterher, wobei er mit den Rudern Hackbewegungen machte. Er hat sie wohl entweder getötet oder verjagt, zumindest belästigte sie mich seit dem nicht mehr!

Wäsche waschen im Fluss

Einen besonderen Leckerbissen teilen

Nachdem ich die Wäsche zum Trocknen auf eine Leine in der Nähe unserer Hütte gehängt hatte, gingen wir zusammen zum Gemeinschaftsraum des Dorfes. In diesem mit Stroh gedeckten Gebäude ohne Wände aßen wir miteinander. Zum Essen gab es die übliche Affensuppe mit gekochten grünen Bananen. Das bedeutete, dass die Jäger an diesem Tag kein anderes Wild gefunden hatten. An guten Tagen brachten sie ein Reh, einen wilden Eber, ein Wasserschwein, Fisch oder Schildkröteneier mit. Nach dem Essen kletterte ich in den zweiten Stock unserer strohgedeckten Hütte.

Unsere zwei-stockige Hütte im peruanischen Dschungel

„Debra, komm herauf! Ich habe einen besonderen Leckerbissen, den ich mit Dir teilen möchte“, rief ich einer jungen Frau aus Montana zu. Sie war die einzige andere Nordamerikanerin hier, wohnte im unteren Stockwerk unserer Hütte und half in der Dorfschule mit.

Sie kletterte die Holztreppe, die der einzige durch Nägel und nicht durch Lianen zusammengehaltene Teil unseres Hauses war, herauf und kam in unser „Wohnzimmer“, eine Art Veranda mit zwei Hängematten. Ich enthüllte meinen wertvollen Schatz, es waren ein paar vom Mittagessen übrig gebliebene Yucca. Sie fing an zu lachen. „Lynnie, wir müssen in einem ziemlich schlimmen Zustand sein, wenn das ein Leckerbissen ist. Ich dachte, Du hättest was Süßes oder so etwas Ähnliches.“ Da wir aber hungrig und etwas unterernährt waren, schmeckte uns die gesalzene, stärkehaltige Wurzel erstaunlich gut – noch dazu, weil sie an diesem Tag geröstet und nicht gekocht war. Auf den Feldern gab es noch nicht viel zu ernten und so waren wir für jede Abwechslung dankbar.

Ohne Nachrichten

Hier lebten wir also tief im Dschungel in einem Dorf und waren so isoliert, dass wir nur alle drei Monate Post bekamen. Von wichtigen Ereignissen wie dem Militärputsch, durch den die peruanische Regierung gestürzt wurde, oder vom Tod meiner Großmutter erfuhren wir erst Monate später.

Im Glauben gehen

Dennis und ich waren aus den Vereinigten Staaten ohne jegliche finanzielle Unterstützung gekommen, doch ich war zufrieden, weil ich wusste, dass wir im Willen Gottes für unser Leben waren. Dies war schon in sehr jungen Jahren mein Herzenswunsch gewesen. Durch die Nähe zu seiner Schöpfung fühlte ich mich auch Gott nahe. Es gab hier einen gewissen Frieden, wenn auch das Leben ohne die gewöhnlichen Sicherheiten ein echtes Gehen im Glauben war.

Anstrengende Dschungelreisen

Der Ort Pisqui (ausgesprochen Pieski), in dem wir wohnten, lag so weit im Dschungel, dass es mit dem Boot zwei Tage dauerte, um von der nächsten Stadt dorthin zu gelangen. Wir schliefen unterwegs an einem Strand neben dem Fluss und warfen uns Moskitonetze wie Zelte über. Danach lag ein vier- bis sechsstündiger anstrengender Marsch vor uns, wobei wir uns mit der Machete einen Pfad durch den schnell wachsenden Dschungel schlagen mussten. Der Pfad war matschig und so rutschig, als hätten wir Öl unter unseren Füßen. Wir hatten viele Hindernisse zu überwinden: riesige Baumwurzeln, hüfttiefe Sümpfe und viele Wasserläufe, die schließlich alle in den großen Amazonas münden. Diese Flüsse musste man auf gefällten Bäumen überqueren, was ziemlich genauso beängstigend war wie das rauschende Wasser darunter.

Als ich diese Reise zum ersten Mal machte, war ich so erschöpft, dass ich unterwegs aufgeben wollte. Dies war jedoch der einzige Weg zum Dorf und zurück, und alles wurde auf dem Rücken transportiert. Uns begleiteten kleine Männer, die Koffer mit Schulbüchern und anderen Dingen trugen. Sie zogen sich einen „pretina"-Riemen über den Kopf und trugen unglaublich schwere Ladungen. Dennis trug unsere Tochter auf dem Rücken.

Ich kam nassgeschwitzt im Dorf an und war erstaunt, als plötzlich aus dem Nichts eine Lichtung auftauchte, auf der kleine Hütten in ordentlichen Reihen standen. Unsere zweistöckige Hütte überragte die anderen. Dennis war schon früher hier gewesen, um bei dem Bau zu helfen. Eine winzige alte Frau, die beim Lächeln ihren einzigen Zahn sehen ließ, kehrte den schmutzigen Boden mit einem Büschel aus Ästen. Wie hatte sie das Leben hier meistern können? Ich war entschlossen, ein intensives tägliches Training zu beginnen, sodass ich die Reisen durch den Dschungel schaffen würde, ohne das Gefühl zu haben sterben zu müssen. Nach einiger Zeit konnte ich zwei Stunden lang durch den Dschungel joggen und war sogar einmal bei einer Fischfang-Tour dabei.

Dschungelängste überwinden

Ich musste mich vielen Ängsten stellen und sie überwinden. Man konnte z.B. einem Jaguar begegnen oder „shushupi"-Schlangen, die tödlich waren. Sie jagen sogar Menschen und man hatte uns erklärt, dass wir bei einem Angriff ein Kleidungsstück in ihre Richtung werfen sollten, um sie abzulenken. Wir lernten, uns von einer bestimmten Baumart fernzuhalten, weil dort eine feurige stechende Ameisenart lebte. Wespen waren eine ständige Bedrohung. Und weil die Pfade durch den Dschungel ziemlich vage waren, war es leicht, sich zu verirren. Wir „Gringos" mussten viel von den Einheimischen lernen, um überleben zu können, doch bald lernten wir die Lebensweise im Dschungel und entwickelten einen routinierten Tagesablauf.

Ein typischer Tag – geistlich, wie natürlich

Unsere Tage begannen mit einer Morgenandacht für das Dorf. Wir sangen Lobpreislieder für unseren Herrn, ich spielte dazu Akkordeon und mein Mann schlug in die Saiten seiner Gitarre. Danach teilten wir Gottes Wort mit und gaben einen Gedanken für den Tag weiter. Ich begann, die Dorfkinder zusammen mit Debra zu unterrichten. Der frühere Schulleiter hatte noch nicht einmal lesen können. Weil meine Schüler keine Schulbücher hatten, verbrachte ich Stunden damit, von Hand mathematische Aufgaben in ihre Hefte zu schreiben. Ich las ihnen aus den wenigen Büchern, die wir mitgebracht hatten, vor und sie lernten manches auswendig. Als die Kinder jedoch Lesen und Dividieren gelernt hatten, fanden die Eltern der Kinder nach und nach, dass es Zeit wäre, dass sie aufs Feld weiterrückten. Der Bedarf an Arbeitern war hier größer als der an Gelehrten.

Dennis verbrachte die Tage mit Jagen, Fischen oder mit den Männern bei der Feldarbeit. Abends diente er im Wort, entweder bei uns oder in einem anderen Dorf am Fluss.

In den Schulpausen arbeitete ich mit allen anderen auf dem Feld. Wir pflanzten Mais, Reis, Bohnen und Erdnüsse an. Die Männer brannten eine Fläche des dichten Dschungels nieder, rodeten die Bäume, und wir Frauen halfen ihnen beim Pflanzen. Mit langen Holzstöcken stießen wir Löcher in den Boden, warfen ein paar Samen hinein und schoben mit unseren Füßen Erde darüber. Wir trugen Gummistiefel oder Sandalen aus Reifengummi und kletterten während der Arbeit über die umgefallenen, verkohlten Bäume. In den Pausen tranken wir „mazato", eine milchige, weiße Flüssigkeit aus gesüßten, gegorenen und zermusten Yucca. Manchmal gab es auch zerdrückte Erdnüsse oder ein Bananengetränk.

Fremdartiges Essen lieben lernen

Debra und ich konnten nicht verstehen, warum die Einheimischen gekochte grüne „platano"-Bananen mochten, die sie wie Brot zu jeder Mahlzeit aßen. Sie schmeckten so wachsartig, dass wir spaßhalber sagten: „Bitte gib mir eine Kerze!" Wir gingen sogar so weit, dass wir dazu eine Umfrage unter den Dorfbewohnern durchführten. Wir wollten eine Mehrheit dafür bekommen, dass die Bananen reifen durften, bevor sie bei den Mahlzeiten serviert wurden. Doch wir hatten damit kein Glück, wir wurden einfach überstimmt. Sogar die Getränke wurden oft aus gekochten, zermusten, grünen Bananen hergestellt und nicht aus reifen.

Wir stellten fest, dass das Sprichwort „Hunger ist der beste Koch" wahr ist und lernten viele eigenartige Nahrungsmittel zu essen. Wir aßen gegrillte Wurmlarven, die wie Speck schmeckten, Schlangen- und Krokodilfleisch und eine erstaunliche Vielfalt an Früchten. Es gab auch Reh, Jaguar, Wilden Eber, große Nagetiere und anderes Wild und Vögel. In den ersten drei Monaten hatten wir „Zuckerentzugserscheinungen", entdeckten dann aber, dass Papayas dort wild wuchsen. Wir hatten dann immer einen größeren Vorrat von ihnen auf unserer Veranda, um unseren Appetit auf Süßes zu stillen. Wir löffelten immer eine halbe Frucht auf einmal aus. Einige Monate später wurde dann Zuckerrohr geerntet. Es wurde durch eine Maschine gepresst, die durch ein angeschirrtes Pferd, das im Kreis ging, betrieben wurde. Wir genossen die Süße des Saftes.

Moskitos – und Netze

Die Moskitos waren der Fluch des Dschungellebens. Obwohl ich langärmlig und in Hosen gekleidet fast umkam vor Hitze, wagte ich es nicht, anders hinauszugehen. In der Dämmerung brachen Mückenschwärme wie Nebel über uns herein und ich bemühte mich, mit meiner zweijährigen Tochter Tracie bei Sonnenuntergang immer unter dem Moskitonetz zu sein. Aber oft waren wir noch beim Abendessen oder Abwaschen und mussten sie erschlagen. Einmal verteilte Dennis Schmetterlingsnetze an die Kinder, die damit durchs Dorf liefen und Mücken-„Bälle" einfingen, sie zu ihm brachten, wofür er ihnen Süßigkeiten gab. Das tat er so lange, bis ihm die Süßigkeiten ausgingen. Der Einbruch der Nacht brachte etwas Erleichterung von den Moskitos. Dann setzte die Dschungelsymphonie ein mit den Geräuschen von Grillen, den sirenenartigen Pfiffen vieler Vögel, dem Schreien und Kreischen der Affen, und einer Fülle anderer exotischer Geräusche.

Eine Tarantel auf der Schulter

Einmal war ich gerade dabei, trockene Wäsche von der Leine zu nehmen, als ich aus dem Augenwinkel ein riesiges schwarzes Etwas aus der Wäsche, die ich mir über die Schulter geworfen hatte, herausklettern sah. Ich schaute genauer hin und sah zehn Zentimeter von meiner Backe entfernt eine haarige Tarantel! Mit einer schnellen Handbewegung beförderte ich sie in hohem Bogen weit weg von mir!

Tägliches Überleben

Eines erkannte ich über das Leben hier: Im Dschungel musste man, nur um zu überleben, den ganzen Tag arbeiten – unsere Nahrung anbauen, sie ernten und reinigen, Erbsen oder Erdnüsse schälen, den Reis in einem „pilon" schlagen, um die Schalen zu entfernen und ihn dann aussortieren, Töpfe und Pfannen am Fluss mit Sand schrubben, Holz hacken zum Kochen über dem offenen Feuer, unsere Kleidung mit der Hand nähen, die Kleidung in einer Wanne am Fluss einweichen, sie mit der Hand schrubben, bis meine Hände ganz rau waren oder die Jeans mit einer Bürste bearbeiten. Die Kleidung musste wegen Dreck und Schimmel jeden Tag gewaschen werden. Wenn die Seife ausging, mischten sich die Einheimischen ein schwarzes Gebräu aus Pflanzen, das wie Teer aussah. Ich habe es aber nie ausprobiert. Nur einmal weinte ich aus Frustration und das war, als mir ein kleines Päckchen Waschseife ausging. Daraufhin nahm sich Dennis schnell einige „fariña" aus getrockneten gegorenen Yucca, marschierte vier Stunden durch den dichten Dschungel zum Hauptfluss und tauschte, als ein Boot vorbei kam, die „farina" gegen etwas Seife.

Obwohl wir praktisch von morgens bis abends ohne Unterbrechung arbeiteten, fanden wir Zeit für eine weitere Überlebenstechnik – lachen! Wir besorgten uns einen kleinen Affen als Haustier, zogen ihn an, hielten ihn auf unserer Veranda und teilten unsere vielen Papayas mit ihm. Unsere Tochter liebte ihn sehr. Wir schaukelten in unseren Hängematten, sangen, spielten und genossen manchmal einen besonderen Leckerbissen – besonders wenn endlich Zuckerrohr geerntet wurde. Dann kauten wir auf einem Stängel und der Saft lief uns über das Kinn.

Primitives Leben

Da wir keine finanzielle Unterstützung aus den Vereinigten Staaten hatten, lebten wir wie die Menschen um uns herum. Annehmlichkeiten wie elektrisches Licht waren nicht vorhanden. Kleine Kerosinbüchsen mit einem Docht wurden abends zur Beleuchtung verwendet. Wenige Bewohner hatten Kerosinlampen, und bei Versammlungen wurde eine aufpumpbare Laterne verwendet. In der tiefen Dunkelheit schienen die Sterne so, als hätte jemand Glitter am Himmel verteilt. Diese Schönheit wird in unseren gut erleuchteten Städten selten gesehen.

Die Behausungen waren sehr einfach. Die Menschen hingen all ihre Kleidung über eine Leine, die in jeder Ein-Zimmer-Hütte quer durch den Raum gespannt war. Die einzige Privatsphäre bestand unter den Moskitonetzen, die über jedes Bett gespannt waren. Dennis baute uns einen behelfsmäßigen Schrank mit einer Plastikplane als Tür. Wir schliefen auf einer Schaummatte auf dem „pona", einem bambusähnlichen Boden. Wir sammelten Briefe an einem Nagel als Alternative zu den Bananenblättern, die auf dem Klohäuschen benutzt wurden. Das Klohäuschen stand neben dem Fluss und sah wie eine haarige Hütte aus, da es aus Palmzweigen gebaut war.

Die Häuser wurden aus handgehauenen Brettern gebaut, die mit Lianen aneinandergebunden waren, wodurch weite Spalten zwischen den Brettern blieben. Als Dennis früher einmal in diesem Dorf zu Besuch gewesen war, klebten die Kinder an den Wänden, um zu sehen, was der „Gringo" machte. Er wusste, dass ich die fehlende Privatsphäre nicht schätzen würde, und hatte uns daher vor meiner Ankunft eine Hütte auf Pfählen gebaut. Trotzdem standen die Kinder dann stundenlang in einer Reihe auf der Treppe und starrten uns an. Ich musste sie schließlich bitten, nicht mehr ohne Erlaubnis heraufzukommen.

Tracie und die Indianer

Eines Tages fragten die Frauen, ob sie unsere zweijährige Tochter den Fluss mit hinauf nehmen dürften. Sie brauchten Schmalz zum Kochen und wollten es in einem Dorf unterwegs im Tauschhandel erwerben. Als naive junge Mutter, die noch kaum aus ihren Teenagerjahren heraus war, erklärte ich mich einverstanden. Sie nahmen sie mit auf einen mehrstündigen Marsch durch den Dschungel, und dann ging es mit dem Kanu stromaufwärts weiter zu einem Indianerdorf. Die Stammesleute waren sehr spärlich mit farbenfroher Kleidung angezogen und ihre Gesichter waren bemalt. Die Indianer versammelten sich bald um Tracie, weil sie noch nie einen blonden Menschen gesehen hatten. Ein älterer Mann, der von weiter weg herübersah und dessen Augen schon etwas schwach waren, meinte: „Sie haben einen weißen Affen gefangen!" Sie fassten ihre Haare an, sahen sie genau an und sagten dann: „Wir tauschen sie gegen zwei ein.“ Die Frauen, die sie hielten, machten ihnen jedoch klar, dass sie nicht gehandelt würde. Als sie wieder gingen, überschütteten die Stammesleute Tracie mit Töpferwaren, Eiern und Perlen als Geschenke. Ich war dankbar, als sie wohlbehalten zurückkehrte und erkannte, dass es vielleicht keine so gute Idee gewesen war, sie mitgehen zu lassen. Aber ich hatte die Herzen der Menschen gewinnen wollen, indem ich ihnen Vertrauen schenkte.

Dennis, Lynnie und Tochter Tracie in ihrer Dschungelhütte

Jagen und Fischen

Vom dummen „Gringo“ zum Dschungelprofi

Dennis wurde ein fast so geschickter Jäger und Fischer wie die im Dschungel geborenen Männer und lernte, wie er die vielen exotischen Tiere, denen er begegnete, behandeln oder töten mußte, oder wie er sie umgehen konnte. Doch als er noch dabei war, die nötigen Dschungelfähigkeiten zu erlernen, machten sich die Einheimischen oft einen Spaß auf seine Kosten. Zum Glück war Dennis ein beherzter Lehrling und gab nie auf und gewann dadurch die Liebe und den Respekt der Leute.

Eine Anakonda "erwacht zum Leben"

Dennis ging mit ein paar Einheimischen auf die Jagd, um Wild als Nahrung für das Dorf zu finden. Nachdem sie ein paar Tage durch den Dschungel marschiert waren, entdeckte Dennis auf einer Blockade über einem kleinen Fluss eine große Anakonda, die sich dort ausruhte. Sie bewegte sich nicht, selbst als er über ihren Kopf schoss, und so dachte er, sie sei tot. Er beschloss, sie auszustrecken, um zu sehen, wie lang sie war. Als er an ihrem Schwanz zog, wurde die Schlange plötzlich lebendig, drehte Dennis ihren massigen Kopf zu und glitt langsam auf ihn zu. Dennis erhob seine Waffe und schoss dem Tier zwischen die Augen! Er wollte die Schlangenhaut mit nach Hause nehmen, doch als ihm einer der Einheimischen erklärte, dass sie mindestens 50kg wiegen würde, änderte er schnell seine Meinung. Diese Anakonda war über 5m lang.

Ein Krokodilfestessen

Bei einer anderen Gelegenheit waren Dennis und einige Männer auf einer zweiwöchigen Fischfangexpedition unterwegs. Sie hatten sich nur einen Strunk grüne Bananen mitgenommen, weil sie von dem leben sollten, was sie unterwegs fanden. Den ganzen ersten Tag lang fanden sie nichts zu essen. In der folgenden Nacht tauchte immer wieder ein Krokodil am Ufer des Flusses auf, aber jedes Mal, wenn sie nach einem Gewehr griffen, tauchte es wieder unter. Am nächsten Tag fingen sie endlich mit einem Netz ein großes Krokodil. Da sie zwei Tage lang fast nichts gegessen hatten, waren sie sehr hungrig. Dennis bot an zu kochen und bereitete ein Krokodilfestessen zu. Es bestand aus Krokodilfleisch und Krokodileiern, die im Fett des Tieres gebraten wurden. Krokodilfleisch schmeckt ziemlich gut.

Im eigenen Netz gefangen

Die einheimischen Männer hatten Dennis gezeigt, wie er das runde beschwerte Netz zum Fischen auswerfen musste. Er musste es mit seinen Händen und Zähnen ausbreiten und dann am Bug des Kanus balancierend auswerfen, damit es richtig im Wasser landete. Bei seinem ersten Versuch verlor er das Gleichgewicht und fiel ins Wasser, wobei er unter das Netz geriet. Den Einheimischen bereitete es großen Spaß dabei zuzusehen, wie er sich unter dem Netz hervorkämpfte und es immer wieder probierte. Bald wurde er recht geschickt. Dennis konnte immer sagen, wenn er Piranhas gefangen hatte, da er dann sein Netz mit Löchern aus dem Wasser zog.

Piranhas, Aale und Stachelrochen

Dennis lernte, dass Piranhas den Menschen nur dann gefährlich wurden, wenn sie in Schwärmen auftauchten oder wenn sich jemand geschnitten hatte und blutete. Sie schmeckten eigentlich ganz gut. Dennis fand, dass Aale und Stachelrochen viel mehr zu fürchten waren. Dennis sah einmal ein biberähnliches Tier, genannt „majás", an die Wasseroberfläche kommen. Er konnte es kaum glauben, als er Zeuge wurde, wie ein Aal das Tier zu Tode elektrisierte. Nach dieser Beobachtung hatte er plötzlich großen Respekt vor diesem schlangenähnlichen Tier. Die schmerzhaften Folgen von Stachelrochen sah er bei mehreren mutigen Männern, auch bei meinem Bruder Danny.

Danny besuchte uns für ein paar Monate und liebte es, draußen zu sein. Auf einer Jagd- und Fischfangtour erschoss er eine große Anakonda. Er schnitt die Schlange auf und entdeckte in ihrem Bauch ein 1,8m langes Krokodil, das sie als ganzes verschluckt hatte. Als Danny später in einer seichten Lagune fischte, wurde er von dem gezackten Schwanz eines Stachelrochens gestochen. Der Schmerz war so quälend, dass ihn einer der kleinen Einheimischen auf seinem Rücken stundenlang durch den Dschungel bis ins Dorf zurück trug. Dannys Bein entzündete sich und er musste einen Monat lang liegen, bis er sich erholt hatte. Glücklicherweise verlor er sein Bein nicht wie andere durch Wundbrand. Dieser Vorfall konnte jedoch seine Liebe zu Peru nicht auslöschen, und dies führte später zu einem Dienst in dem Land.

Fischschwärme

Eines nachts, als Dennis und ein paar Männer im Kanu den Fluss entlang glitten, hörten sie ein Geräusch wie ein vielfaches Aufklatschen auf Wasser. Es war ein Schwarm Fische, der an dieser Stelle für die Nacht halt gemacht hatte. Die Männer fuhren dorthin und fischten die ganze Nacht, wobei sie Hunderte von Fischen fingen. Sie trockneten und salzten sie und brachten sie zur großen Freude aller nach Hause.

Fast mitgerissen

An einem großen Nebenfluss des Amazonas bekam Dennis einen großen Haken mit einem Fleischbrocken daran. Er hing an einer Schnur, die wie eine Wäscheleine aussah. Die peruanischen Männer sagten ihm, dass sie weiter flussaufwärts gehen und ihn an dieser Stelle fischen lassen würden. Dennis wickelte die dicke Nylonschnur um seine Hand und es dauerte nicht lange, bis er einen Ruck spürte. Die Schnur spannte sich. Er wusste sofort, dass dies ein großer Fisch war! Er erwartete, dass der Fisch schnell müde werden würde, sodass er ihn einholen konnte. Plötzlich merkte er, dass ihm dieses Tier nicht nur das Blut abschnürte, sondern dass er kurz davor war, mitgerissen zu werden. Schnell befreite er seine Hand von der Schnur. Was für ein Fisch das auch immer gewesen war, er nahm alles mit: den Köder, den Haken und die Leine. Als die Männer zurückkamen, erfuhr er, dass sie den letzten Teil der Einweisung vergessen hatten: Binde die Schnur an einen Baum! „Was für ein Fisch ist denn das?", wunderte er sich. Als sie schließlich einen fingen, konnte er sehen, dass er größer als ein Mensch war und verstand, warum er ihn nicht mit den bloßen Händen hatte einziehen können.

Ein riesiger Fisch aus dem Amazonas

Aberglauben

Das Öl der Einheimischen gewinnen

Die Menschen waren tief im Aberglauben gefangen und wir versuchten, sie mit dem Fehlen jeder Logik in diesen lächerlichen Vorstellungen zu konfrontieren. Sie glaubten, dass der weiße Mann den Einheimischen Öl entzog, um damit seine Flugzeuge zu betreiben. Wenn Dennis mit dem Kanu unterwegs war, kam es tatsächlich oft vor, dass Männer in vorbeifahrenden Kanus Gewehre auf ihn richteten, bis sie außer Reichweite waren. Sie hatten Angst, dass er sie töten könnte, um ihr Körperöl zu bekommen!

Zitronen, Hunde, Regenbogen und Feen

Sie glaubten, dass Frauen keine Zitronen pflücken durften, weil sonst die Zitronenbäume eingehen würden. Wenn ein Hund Wild riss, durfte eine schwangere Frau nicht von dem Fleisch essen, weil sonst der Hund sterben würde. Wer auf den Regenbogen zeigte, bekam eine Regenbogenverbrennung. Und sie erzählten alle von Begegnungen mit Feen und Personen, die unter Wasser lebten.

Die Zwiebelbeet-Prüfung

Einmal sammelte Dennis Holz für die Küche und kam dabei in die Nähe eines Zwiebelbeets. Er wurde streng zurechtgewiesen und aufgefordert, von dort wegzugehen. Er erwiderte, dass er aufpassen würde, nicht auf die Zwiebeln zu steigen. Da erklärten sie ihm, dass die Zwiebeln durch seinen männlichen Körpergeruch vertrocknen würden!

Den Aberglauben konfrontieren

Das Erstaunliche dabei war, dass Vieles aus diesem Aberglauben tatsächlich passierte. Ich bin mir sicher, dass sie durch Dämonen regiert wurden, die sie seit Generationen durch Angst und Glauben gefangen hielten. Wir versuchten, diesem Glauben zu begegnen, indem wir ihnen erklärten, dass diese Dinge wissenschaftlich nicht möglich seien. Sie sagten uns einfach: „Vielleicht passiert das nicht in Euerem Land, aber in unserem Land passiert es." Bald hatten wir verstanden, dass wir diesen Aberglauben nur geistlich konfrontieren konnten. Wir lehrten sie über ihre neue Position als Gläubige in Christus und erklärten ihnen, dass sie nicht länger unter diesen Gesetzen leben mussten. Nun konnten sie über ihnen leben. So konnten sie es glauben.

Dämonen überwinden

Dämonische Aktivitäten waren in Peru an der Tagesordnung, besonders in der Dschungelregion. In den Gottesdiensten baten uns immer wieder Personen um Gebet, weil dämonische Mächte in der Nacht ihr Bett verschoben oder Samen und Gegenstände nach ihnen warfen. Manche lebten in Angst, weil sie von „tunchis" oder Dämonen durch den Dschungel gejagt wurden. Dennis konnte sie lehren, dass sie mit Christus keine Angst mehr zu haben brauchten und Autorität über den Feind hatten.

Um das zu verdeutlichen, sagte er ihnen einmal: „Wenn Ihr Angst davor habt, diese Geister wegzuschicken, dann sagt ihnen, sie sollen zu mir kommen und ich werde mich um sie kümmern!" Ein paar Tage später stand ein Mann während der Morgenandacht auf und gab Zeugnis. Er erzählte, dass er durch den Dschungel ging, als ihn auf einmal ein Dämon zu jagen begann. Er drehte sich um und sagte: „Geh zu Bruder Dennis!" Und er war begeistert, als es funktionierte! Natürlich haben wir nie etwas von diesem Dämon gehört, aber es war ein erster mutiger Schritt für diesen neuen Gläubigen.

Dennis wurde erklärt, dass er in einen gewissen Abschnitt des Flusses nicht gehen dürfe, da jeder, der dies getan hatte, vom Geist des Flusses in dieser Gegend getötet worden war. Dennis erklärte, dies sei lächerlich und sprang in den Fluss. Plötzlich hatte er ein übermächtiges Bedürfnis, unter Wasser zu atmen, und musste dieser

Versuchung mit aller Kraft widerstehen. Es gab tatsächlich starke dämonische Geister, die manche Gegenden stärker beherrschten als andere. Dafür war ein Verständnis über Festungen und deren Konfrontation nach den Anweisungen Gottes nötig, was wir später lernten und umsetzten.

Dschungelheilmittel

Ein Daumen wird wieder befestigt

Einer der Männer aus dem Dorf kam zu Dennis wegen einem Problem mit seinem Daumen. Die Dorfbewohner bekamen hauptsächlich von uns medizinische Erste Hilfe, aber Dennis war auf einer Reise gewesen, und so hatte der Mann die Verletzung selbst behandelt. Er hatte Holz gehackt und dabei versehentlich den Daumen so erwischt, dass er nur noch über ein kleines Stück Fleisch mit der Hand verbunden war. Er holte sich von einem Baum Harz, das „sangre de grado“ genannt wird, klatschte es sich auf die Wunde, setzte den Daumen wieder richtig darauf und umwickelte ihn mit einem schmutzigen Lumpen. Als Dennis das ein paar Tage später sah, sank sein Mut, weil er vermutete, dass sich der Daumen entzündet hatte oder noch Schlimmeres passiert war. Schon kleine Kratzer konnten in diesem feuchtwarmen Klima zu großen Infektionen werden, wenn sie nicht gründlich gereinigt wurden. Dennis bat den Mann, ihm den Daumen zu zeigen und er wickelte in vorsichtig aus. Erstaunlicherweise sah er dort, wo der Schnitt gewesen war, eine dünne braune Linie und es gab keine Entzündung. Es dauerte nicht lange, da war der Daumen wieder ganz verheilt und der Mann konnte wieder Gitarre spielen. Später fanden wir heraus, dass dieser

Baumsaft desinfizierende und betäubende Stoffe enthält.

Teesorten

Tees wurden zu verschiedenen Zwecken verwendet und konnten gewöhnliche Leiden lindern. „Una de gato“ hatte entzündungshemmende Inhaltsstoffe und „manzanilla“ beruhigte den Magen. Andere Tees wurden für die Verdauung, zur Entspannung oder zur Schmerzlinderung verwendet.

Leben und Tod

Jährlich viele Babies

In der Dorfgemeinschaft war die Geburt eines Babys so alltäglich, dass sie weniger Begeisterung als die Geburt eines Kalbes auslöste. Die Bewohner wussten nichts über Verhütung außer dem Wenigen, das ich einigen erklären konnte. Es war normal, dass die Frauen jedes Jahr ein Baby bekamen. Eine Siebzehnjährige hatte schon drei Kinder. Das Oberhaupt des Dorfes hatte 26 Kinder und mittlerweile seine dritte Frau. Die anderen beiden waren gestorben. Wir wussten immer, wenn sich eine Frau von einer Geburt erholte, denn dann lief sie mit einem weißen Kopftuch und blassem Gesicht herum. Hühnersuppe galt als Allheilmittel. Wir ermutigten sie Spinat aus dem Garten zu essen, um ihren Eisenbedarf zu decken.

Ohne Moral?

Eines Tages machten Dennis und ich bei einem Milchbauernhof am Fluss Halt. Wir wollten Milch kaufen, denn in dieser Gegend gab es nicht viel davon. Der Besitzer fragte uns, wieviele Jahre wir verheiratet wären und wir antworteten: „Drei." Er konnte sehen, dass wir nur ein Kind hatten, schüttelte seinen Kopf und bemerkte: „Wir Peruaner haben einfach keine Moral, wir bekommen jedes Jahr ein Kind."

Der Tod – ein Teil des Lebens

Das nächstgelegene Krankenhaus war zwei Tagesreisen entfernt und so konnten schwere Verletzungen und Krankheiten nicht behandelt werden. Ein kleiner Junge fiel hin und brach sich ein paar Rippen. Nach kurzer Zeit starb er. Ein Mann wurde von einer giftigen Schlange gebissen und lebte nicht mehr lange. Um diesen Toten Ehre zu erweisen, wurde eine ganze Nacht hindurch Totenwache gehalten, doch danach ging das Leben weiter wie immer. Als ich eine ältere Frau fragte, wieviele Kinder sie hatte, antwortete sie: „Ich hatte vierzehn, aber nur sieben leben noch." Hier im Dschungel war der Tod ein normaler Teil des Lebens.

Gott zu hören rettet das Leben

Mein Schwager Jim Drown kam uns tief im Dschungel besuchen. Dennis holte ihn vom Haupthafen am Fluss ab und sie machten sich auf den mehrstündigen Weg zu uns ins Dorf. Während sie durch den dichten Dschungel rannten, rief Jim Dennis plötzlich zu, er solle stehen bleiben. Sie wollten gerade über einen Baumstamm klettern und Gott hatte ihm gezeigt, dass auf der anderen Seite eine Schlange war. Vorsichtig schauten sie hinüber und entdeckten tatsächlich die tödlichste Schlange des Dschungels. Gott hatte ihr Leben gerettet.

Jim wusste, was es heißt, ein Leben zu verlieren. Er und meine Schwester Kathy hatten in einem anderen Teil des Dschungels ihr erstes Kind durch eine Krankheit verloren, worüber sie tief trauerten. Jahrzehnte später veranstaltete Jim in der Gegend, wo sie ihr Baby beerdigt hatten, große Evangelisationen und Tausende kamen zum Herrn. Genauso wie er früher im Dschungel Gottes Stimme gehört hatte, wodurch Dennis' Leben gerettet wurde, hatte er trotz dieser Tragödie Gottes Ruf gehört, Hunderten die Botschaft des ewigen Lebens zu bringen.

Dorfverwaltung

Ein neues System wird notwendig

Als der oberste Dorfverwalter Dennis um Rat fragte, riet er ihm, etwas Neues auszuprobieren: Jeder sollte selbst entscheiden dürfen, in welchem Bereich er arbeiten wollte und von Anfang bis Ende für diese Arbeit verantwortlich sein. In diesem Bereich läge dann Erfolg oder Versagen in seiner eigenen Verantwortung. Im bisherigen System wurden jeden Morgen neue Arbeiten vergeben und so war die Arbeitsmotivation niedrig und es gab nur wenig zu essen. Der Mann war skeptisch, weil er erwartete, dass alle die gleichen Aufgaben wählen würden und andere unerledigt blieben.

Als er schließlich bereit war es auszuprobieren, wurden alle Bereiche gleichmäßig abgedeckt! Jede Person bekam dann Arbeitsziele vorgeschlagen, die sie erreichen sollte. Auf einmal strengten sich die

Männer bei der Arbeit an und machten sogar Überstunden, damit ihr Bereich erfolgreich wurde. Bald hatte das Dorf mehr als genug zu essen und konnte sogar etwas verkaufen.

Prinzipien, die funktionieren

Obwohl Dennis erst 23 Jahre alt war, hatte Gott ihm Weisheit und Verständnis für Prinzipien im Natürlichen und Geistlichen gegeben. Er wusste, dass die Übertragung von Verantwortungsbereichen ohne unnötige Kontrolle Wachstum, Reife und Verantwortungsbewusstsein bewirken.

Dennis lehrt neben dem Fluss aus der Bibel und schreibt dabei in den Sand.

Keine Besserwisser

Wir hatten die Herzen der Einheimischen gewonnen, weil wir nicht so taten, als wüssten wir alles. Wir hörten ihnen zu, lernten von ihnen und aßen bereitwillig ihr Essen, was die meisten Amerikaner nicht taten. Wir achteten sie aufgrund ihres Wissens in der Landwirtschaft und beim Fischen und aufgrund ihrer Überlebenstechniken. Sie achteten uns aufgrund des geistlichen Trainings, der Zurüstung und der Autorität in Christus, die wir ihnen übertrugen. Auch wenn wir wie „Tarzan und Jane" lebten, waren wir zufrieden in dem Wissen, dem Herrn zu dienen.

Zum Häuptling ernannt

Jahre später reiste Dennis wieder in diese Gegend, die inzwischen durch den Terrorismus verwüstet worden war, um die Menschen dort zu ermutigen. Als er zurückkam, erzählte er mir folgende Geschichte: Auf der Reise musste das motorisierte Kanu einmal am Ufer anlegen, weil es stark regnete. Dennis entdeckte eine Hütte auf Pfählen, aber die Bewohner wollten ihn nicht hereinlassen. Aber sie erlaubten ihm, draußen auf der Veranda zu schlafen. Also wickelte er seine Jacke fest um seinen Körper, zog die Schnur an der Kapuze fest, um sein Gesicht zu schützen, und legte sich schlafen. Als er am nächsten Morgen aufwachte, war jedes unbedeckte Fleckchen Haut von Moskitostichen geschwollen.

Er erreichte das Dorf nach zehn Jahren zum ersten Mal wieder und stellte fest, dass sich mehrere Dörfer versammelt hatten, um seine Ankunft zu feiern und ihn predigen zu hören. Er wurde gebeten, bei der Versammlung ein paar Trauungen durchzuführen, und am Ende brachten sie ihm einen Federschmuck und krönten ihn zum „Häuptling" der Gegend! Das war eine große Ehre.

2

Meine Kindheit

Aufwachsen

An vielen Orten leben

Als ich ein Jahr alt war, schlossen meine Eltern Jack und Gladys Enlow die Bibelschule ab und gingen als Missionare nach Peru. Wir lebten in unterschiedlichen Städten in den Bergen und im Dschungel, wo sie als Bibellehrer und Pastoren in verschiedenen Gemeinden dienten. Alle paar Jahre gingen wir für ein Jahr Heimaturlaub in die Vereinigten Staaten und besuchten verschiedene Gemeinden, die meine Eltern unterstützten.

Es war für meine Familie auf jeden Fall ein Leben in ständiger Bewegung. Wir waren acht Geschwister. Als ich sechs Jahre alt war, wurde ich auf die Missionsinternatsschule geschickt, was unsere Denomination vorschrieb. Zwei meiner älteren Schwestern waren schon dort an der Schule, aber ich bin mir sicher, dass es für meine älteste Schwester Jody traumatisch war, als sie im ersten Jahr alleine dorthin musste. Wir waren in großen Schlafsälen untergebracht, in denen Hauseltern dafür sorgten, dass die strengen Regeln eingehalten wurden. Wir mussten viele Bibelstellen auswendig lernen und ich erinnere mich daran, dass ich in der ersten Klasse die 66 Bücher der Bibel aufsagen musste. Wir freuten uns immer auf Freitagabend, weil dann ein Spaßabend mit vielen Spielen stattfand. An den Samstagen stiegen wir alle in Busse und fuhren zum Schwimmen. Über die Jahre hinweg ging ich in verschiedene Schulen in Peru und den Vereinigten Staaten, und als ich die High School abschloss, war ich dreizehn Mal umgezogen!

Jesus, mein Retter

Mit sieben Jahren hatte ich meine erste echte Begegnung mit dem Herrn. Mein Vater brachte einen Evangelisten aus den Vereinigten Staaten mit, der in unserer Gemeinde in der Dschungelstadt Iquitos sprach. Ich erinnere mich an ein starkes Überführtsein in meinem Herzen, als er predigte, sodass ich weinend nach vorne ging und Jesus als meinen Retter annahm.

Die Taufe im Heiligen Geist

Als ich acht Jahre alt war, bekamen meine Eltern einen vierzig Seiten langen Brief von einem Pastor aus den Vereinigten Staaten. Sie hatten seit zehn Jahren die Sehnsucht, mit dem Heiligen Geist getauft zu werden. In diesem Brief erklärte der Pastor, was dafür zu tun war. Sie gingen in ihr Schlafzimmer und empfingen den Heiligen Geist in kraftvoller Weise mit dem erkennbaren Zeichen des Sprachengebets. Als jener Pastor zu Besuch kam, fiel der Heilige Geist auf die gesamte Gemeinde, in der meine Eltern Pastoren waren und die Hälfte der Mitglieder empfing die Taufe im Heiligen Geist. Unser Hausmädchen ging abends beten und sprach fließend englisch, wenn sie in Sprachen betete, obwohl sie kein Wort englisch konnte. Wir schlichen uns dann immer an ihre Zimmertür und hörten sie Sätze wie „Jesus kommt bald“ und „Jesus ist wunderbar“ beten.

Ablehnung

Dann begann Verfolgung. Die Denomination, für die meine Eltern als Missionare nach Peru gegangen waren, lehnte das Sprachengebet ab und meine Eltern sollten darüber schweigen oder austreten.

Also traten sie aus. Als mein Vater durch Peru reiste, wurden Menschen in verschiedenen Städten geheilt, befreit und mit dem Heiligen Geist erfüllt. Jahre später, als ich vierzehn war, wurden meine Eltern, die nun in Pucallpa lebten, aufgrund ihres Glaubens über die Geistestaufe gebeten, ihre Kinder von der Missionsinternatsschule zu nehmen, obwohl diese eigentlich für alle Denominationen offen sein sollte. Wir hatten an der Schule höchste Auszeichnungen bekommen und ich hatte gerade als beste Schülerin eine Abschlussrede gehalten. Als der Direktor einmal meinem Vater begegnete, meinte er: „Es ist unglaublich, dass wir als Christen so tief sinken können. Das sind Anweisungen von ganz oben aus den Vereinigten Staaten, aber Eure Kinder dürfen gerne an allen Angeboten außerhalb des Unterrichts teilnehmen." Also spielten meine Brüder weiter in der Fußballmannschaft und wir waren bei Spielen und anderen Veranstaltungen dabei. Den Unterricht jedoch übernahmen unsere Eltern, die beide ausgebildete Lehrer waren.

Wiederherstellung

Aber Gott ist ein Gott der Wiederherstellung. Mit der Zeit wurden immer mehr peruanische Pastoren, die den Glauben meiner Eltern abgelehnt hatten, im Heiligen Geist getauft und kamen, um sich mit ihnen zu versöhnen. Als wir Kinder erwachsen wurden, öffneten sie und andere uns Türen, um in ganz Peru zu dienen. Zusammen mit ihren Ehepartnern hielten einige von uns Konferenzen ab oder sangen auf Konzerten, einige von uns gründeten Gemeinden und dienten prophetisch und andere evangelisierten bei Heilungsveranstaltungen im ganzen Land.

Irgendwann wurde die Internatsschule geschlossen und ein Teil des Anwesens wurde einer Gruppe behinderter Peruaner geschenkt, die wie Leprakranke behandelt wurden. Diese gründeten mit Unterstützung von Dennis und mir eine Gemeinde. Pastor Victor, der selbst verkrüppelt war, öffnete eine Schule für Behinderte und brachte Menschen, die verkrüppelt waren oder denen Gliedmaßen fehlten, Fähigkeiten für den Beruf bei. Ihr Einfluss wurde immer größer, viele kamen zu ihrer Gemeinde dazu und sie gründeten – mit Krücken und anderen Einschränkungen – am Fluss entlang weitere Gemeinden.

Ich hatte das Grundstück, das sie bekommen hatten, noch nicht gesehen, als meine Brüder Johnny und Danny Enlow dort in Pucallpa ein großes Pastorentreffen abhalten wollten. Wir schlugen ihnen vor, in dem Gemeindegebäude zu übernachten, weil es dort Schlafsäle gab. Später riefen meine Brüder begeistert an und berichteten, dass das Gebäude unsere frühere Internatsschule war. Jetzt, über 30 Jahre später, wurden sie den Gang entlang zu ihren getrennten Schlafzimmern geführt und landeten genau in den Betten, in denen sie als Kinder geschlafen hatten. Es war ein Wunder! Sie schüttelten ihre Köpfe und sagten: „Ich kann nicht glauben, was hier geschieht!" Es war ein übernatürliches Phänomen und ein Zeichen von Gott, dass er alles gesehen hatte!

Die Missionsarbeit meiner Eltern

Er ist am meisten gereist

Mein Vater, ein hervorragender Bibellehrer, reiste sehr viel durch Peru. Per Esel, Boot, einmotorigem Flugzeug, Bus und auch zu Fuß kam er bis in die entlegensten Winkel des Landes. Er war bekannt als „der Missionar, der am meisten reiste". Er hatte Einfluss auf das

Leben vieler und wurde von Gott verwendet, um in ganz Peru Prediger auszubilden und Gemeinden zu gründen und den Samen des Evangeliums auszusäen. Viele Menschen wurden errettet, mit dem Heiligen Geist erfüllt, geheilt und befreit.

Eine Frau wird gerettet

Wenn er nach Hause kam, erzählte er uns Kindern immer viele Geschichten. Einmal berichtete er uns, wie er eine kleine alte Frau gerettet hatte, die in einem kalten Fluss von der Strömung mitgerissen wurde. Obwohl er seine Beine an den Felsen verletzte und sich beim Schwimmen sehr anstrengen musste, machte ihm das nichts aus, insbesondere weil er gerade dabei war, sie zu taufen!

Befreiungen

Mein Vater wurde von Gott stark im Befreiungsdienst gebraucht. Er hatte verstanden, dass es bei vielen Menschen durch frühere Erfahrungen mit Medizinmännern, Zauberworten und dämonischem Einfluss Türen des Feindes gab, die geschlossen werden mussten. Das galt auch, nachdem sie schon errettet waren.

Erstaunlicherweise sandte die Denomination, für die meine Eltern früher gearbeitet hatten, ihre Dämonisierten zu meinem Vater, damit sie befreit würden. Einmal schickten sie uns den Aufseher einer Gemeinde flussaufwärts, der total dämonisiert worden war. Er war so wild, dass ein eigener Raum für ihn gebaut wurde, und nur seine Mutter wagte sich hinein, um ihm Essen hinzuwerfen. Mein Vater ging jeden Tag in den Raum, um die Dämonen auszutreiben. Einmal begleitete ich ihn und saß auf dem Rücksitz seines kleinen Motorrads. Durch Spalten in der Wand des käfigähnlichen Gebäudes konnte ich alles beobachten und sah den Mann wie ein Tier mit einem Gürtel im Mund herumkrabbeln. Einmal stand der Mann auf seinem Feldbett auf, um sich auf meinen Vater zu stürzen und sagte: „Du, EINER, kommst gegen uns, die wir eine Legion sind?"

„Ja, aber ich komme zu Euch im Namen Jesus. Kommt herunter!" Der Mann sackte in sich zusammen und mein Vater fing ihn im Fall auf. Danach trieb er noch mehr Dämonen aus ihm aus.

Als ich auf der Heimfahrt auf dem Rücksitz der Honda 50 meines Vaters saß, schaute ich auf den sternenübersäten Himmel und bat den Herrn um mehr von seiner Realität in meinem Leben. Ich hatte mit vielen Ängsten zu kämpfen – besonders, wenn ich wie hier sah, wie Dämonen im Leben von Menschen wirken konnten. Trotzdem liebte ich den Herrn und hatte ihm gegenüber ein weiches Herz. Ich sah die Realität Satans und wollte umso mehr die Realität Gottes erleben.

In der Endphase der Befreiung für diesen Mann sangen wir und priesen den Herrn, während mein Vater bei uns zuhause mit ihm arbeitete. Er wurde vollständig befreit und kehrte in seine Gemeinde zurück, wo er wieder eine Leiterschaftsaufgabe übernahm. Ich hatte einen sichtbaren Ausdruck von Gottes Befreiungskraft gesehen.

Die Gebete meiner Mutter

Mein Eltern verbrachten beide viel Zeit auf ihren Knien im Gebet, aber ich glaube, dass die Gebete meiner Mutter besonderen Einfluss auf unsere Familie hatten. Es war „normal", dass Kinder von Missionaren und Pastoren rebellierten und nicht mehr mit dem Herrn lebten, vielleicht wegen der Erwartungen, die auf sie gelegt wurden. Für Missionarskinder bestand die einzigartige Herausforderung, dass sie in keine der beiden Kulturen passten. Auch einige ihrer Kinder machten kurze Rebellionsphasen durch, doch ich glaube, es ist zum großen Teil meiner Mutter anzurechnen, wenn heute alle mit ihren Ehepartnern und Kindern dem Herrn dienen. Einige von ihnen arbeiten als Missionare.

Familienleben

Ein Prediger zu Besuch

Als ich vielleicht zehn Jahre alt war, lud mein Vater einen Prediger aus Kalifornien ein, um in unserer Gemeinde zu sprechen. Er hieß Frank Walker. Sofort nachdem er und sein Team vom Flughafen angekommen waren, nahmen wir Kinder ihre dreckigen Schuhe und reinigten und polierten sie. Wir wuschen ihre Kleidung in Wannen hinter dem Haus und dienten ihnen eifrig. Es war einfach etwas Besonderes, Besucher aus den Vereinigten Staaten bei uns zu haben!

Sie waren recht erstaunt, wie effizient meine Eltern unseren Haushalt mit acht Kindern führten. Es gab Listen mit Arbeiten für die Woche. Wir standen auf und taten dann einfach, was auf unserer Liste stand. Es gab auch täglich eine Familienandacht und jeder musste für sich eine Zeit lang in der Bibel lesen und es dann auf seiner Liste abhaken. Wir mussten zusätzlich zu unserem Schulunterricht zuhause Bibelverse auswendig lernen. Ich denke, wir kannten es nicht anders, als all das zu tun. Der Prediger machte Fotos von unserer Familie mit sechs Mädchen und zwei Jungen und nahm sie mit nach Hause zu seiner Familie mit fünf Jungen und einem Mädchen. Er sagte zu seinen Söhnen: „Ich möchte gerne, dass einer von euch Jungs später eines dieser Mädels heiratet." Jahre später wurde dieser Prediger mein Schwiegervater. Dennis meint schelmisch, dass er das einzige gehorsame Kind war.

Der Humor meines Vaters

Mein Vater hatte großen Humor und machte zu jeder Zeit seine Späße. Auch in der Beziehung zu meiner Mutter war er unbeschwert. Oft rief er uns Kindern zu: „Nicht herschauen, Kinder, nicht herschauen!“ Und wenn wir dann alle herschauten, gab er ihr einen Kuss. Ihre Beziehung war für uns ein großes Vorbild.

Kreative Anfänge

Als ich zehn Jahre alt war, bekam ich Interesse an Musik, denn meine Familie war musikalisch. Mein Vater hatte früher in der Kirche den Chor geleitet und meine Mutter sang und spielte Klavier. Ich lernte Orgel, Akkordeon und Gitarre. Aber besonders faszinierte mich das Klavier. Ich konnte mir stundenlang Klavierstücke auf Kassette anhören und bekam dabei vor freudiger Erregung eine Gänsehaut.

Ich schrieb Lieder, Gedichte und Geschichten für meine Geschwister und skizzierte ihre Portraits. Ich malte Bilder für die Artikel, die mein Vater für den Missionsdienst schrieb und auf einem alten handbetriebenen Drucker vervielfältigte. Ich begann auch zu nähen und fertigte mir selbst mein erstes Kleid aus einem Stück Stoff, dass ich als einziges Weihnachtsgeschenk bekommen hatte. Ich legte den Stoff auf den Boden, schnitt ihn ohne Vorlage zu und nähte alles zusammen. Erstaunlicherweise passte es!

Zum letzten Mal verhauen

Meine Schwester Debbie und ich mussten einen langen Weg hin und zurück laufen, um zu einem Musikunterricht zu kommen, der für kurze Zeit kostenlos angeboten wurde. (Wir wurden in Paaren aufgezogen und sie war meine Partnerin, mit der ich aufgewachsen bin.) Einmal hatten wir einen Streit darüber, wer diesmal die Bücher tragen müsse. Wir stellten uns beide stur und ließen schließlich die Bücher auf einem Treppenaufgang auf dem Weg nach Hause liegen. Natürlich schickten uns unsere Eltern zurück, um die Bücher zu holen, aber sie waren verschwunden. Wir hatten eine Strafe verdient und da ich die Ältere war, ließ mich mein Vater zuerst in sein Zimmer kommen. Ich beugte mich über seinen Schoß und er versohlte mir den Hintern. Danach setzte er mich auf seinen Schoß, redete mit mir und legte seine Arme um mich, während er für mich betete. Das werde ich niemals vergessen. Obwohl es damals nicht lustig war, habe ich daran später immer als ein Beispiel liebevoller Korrektur zurückgedacht. Ich war zu dieser Zeit in der fünften Klasse und es war das letzte Mal, dass ich verhauen wurde.

Familienspaß

Wir waren ganz normale Kinder, die Blödsinn machten, sich gegenseitig aufzogen und albern waren. Wir spielten Volleyball, Himmel und Hölle, Kartenspiele, Murmeln und Fußball draußen mit unseren peruanischen Freunden und führten als Geschwister Theaterstücke für die Nachbarskinder auf.

Wenn mein Vater nicht auf Reisen war und mit keinen Predigten oder Pastorenaufgaben beschäftigt war, spielte er stundenlang mit uns. Meine Mutter rief uns regelmäßig einmal oder zweimal am Tag zu Andachten zusammen und mein Vater las aus der Bibel vor. Sie ließen uns beten, wir lernten Bibelstellen auswendig, und wir mussten Fragen zur Bibel beantworten.

Anderen helfen

Da wir umgeben von armen Menschen aufwuchsen, entwickelten wir den Wunsch, anderen zu helfen. Es wurde für uns zur Gewohnheit, regelmäßig durch den Kleiderschrank zu schauen, um Kleidung oder andere Dinge für Bedürftige zu finden. Wir Kinder liebten es, armen Familien zu helfen. Oft legten wir zu ihren Häusern lange Wegstrecken zurück und schleppten ihre Kleidung in Taschen zu uns nach Hause, um sie dann per Hand zu waschen und Zerrissenes zu stopfen. Wir nähten auch neue Kleidung.

Aus Glauben leben

Als wir die Denomination verließen, hatten wir keine finanzielle Unterstützung mehr und begannen „aus Glauben zu leben". Ich weiß immer noch nicht, wie es unsere Eltern geschafft haben, aber ich sah sie viel auf ihren Knien. Wir Kinder verkauften Früchte aus unserem Garten, um Geld für Lebensmittel zu haben und meine Eltern gaben Englischunterricht, um uns zu versorgen. Wenn Geburtstagsgeld aus den Vereinigten Staaten kam, ließen wir es uns gut gehen und gingen in die Eisdiele „La Favorita". Manchmal hatten wir nur Popcorn oder Pfannkuchen zu essen, aber es gab immer etwas. In der Unterrichtspause am Morgen bekam jeder seine Ration Coca Cola. Mein Vater achtete darauf, dass davon immer etwas vorhanden war. Wenn er in verschiedenen Gemeinden predigte, gaben die Leute immer treu ein Opfer, auch wenn es Hühner oder Eier waren, die für uns ein Segen waren.

Eine der Schwierigkeiten, mit denen wir konfrontiert waren, war der Glaube der Peruaner, alle Amerikaner seien wohlhabend. Also kamen sie immer wieder zu unserem Haus und baten um Geld.

Meine Eltern boten an, für sie zu beten, und manchmal halfen sie auch. Doch einmal hörte ich, wie mein Vater jemandem ehrlich sagte: „Ich habe selbst nur noch genug, um meiner Familie heute Abend etwas zu essen zu geben." Der Mann ging verärgert und war sich sicher, dass ihn mein Vater belogen hatte. Hieraus entwickelte sich aber auch ein Segen: Alle, die in unserem Dienst mitarbeiteten, taten dies aus Liebe zum Herrn und nicht um Geld zu bekommen. Deshalb gehen sie bis zum heutigen Tag treu mit dem Herrn. Wir haben gesehen, wie Missionare ihre Arbeiter gut bezahlten, doch sobald sie das Land verließen, zerfiel ihr Dienst. Es war für die Peruaner wirklich besser, ihre Augen auf Jesus zu richten und nicht auf die „reichen Amerikaner".

Sensibel dem Herrn gegenüber

Ich war als Kind dem Herrn gegenüber sehr sensibel, aber vielleicht etwas zu selbstgerecht im „Gut sein", verpetzte oft die anderen und war ein Perfektionist. Aber Er hat mir, Gott sei Dank, geholfen, diese Haltung nach und nach durch eine Offenbarung seiner Liebe und Gnade zu überwinden.

Einmal nahm ich meine kleine Schwester Sandy, die gerade mal fünf war, unter meine Fittiche. Ich unterwies sie und führte sie ungefähr vier Mal zum Herrn, um sicher zu gehen, dass es auch wirklich „saß"!

Ein seltsamer Flug

Als ich ungefähr elf Jahre alt war, kehrte ich in die Vereinigten Staaten zurück und lebte einige Zeit bei meiner Großmutter. Ich flog mit einem Vier-Propeller-Frachtflugzeug, weil das die billigste Reisemöglichkeit war. Bei einem früheren Flug war es einmal mit nur noch einem funktionierenden Propeller gelandet. Das Flugzeug, in dem ich saß, stank fürchterlich, weil es Boas und Affen in Käfigen geladen hatte.

Als ich in Miami ankam, war ich erstaunt, wie genau die Zollbeamten mein Gepäck untersuchten. Sie inspizierten sogar meine Schuhe bis ganz vorne bei den Zehen. Später erfuhr ich, dass in den Tieren Kokain gefunden worden war. Daher waren auch einige Tiere tot umgefallen, da die Tüten in ihnen aufgeplatzt waren. Es muss wohl nicht extra gesagt werden, dass dies das Ende dieser Fluggesellschaft war.

„The Move"

Als ich ungefähr zwölf Jahre alt war, zog meine Familie für ein Jahr nach Miami. Dort wurde ich im Wasser und auch im Heiligem Geist getauft. Wir wohnten im Haus von Sam Fife, der den Brief an meine Familie geschrieben hatte. Er begann eine christliche Bewegung, „The Move" genannt, die in den sechziger und siebziger Jahren ziemlich Vorreiter war. Mein Vater Jack Enlow und Frank Walker, mein zukünftiger Schwiegervater, reisten und dienten zusammen mit Sam. Sie predigten über Heilung, Befreiung, die Taufe im Heiligen Geist, die Geistesgaben und den auch heute noch gültigen fünffältigen Dienst mit Aposteln und Propheten. Wir gehörten dieser Bewegung viele Jahre an, doch dann ging sie mehr und mehr in eine komische Richtung mit Kontrolle und Fehlern und unsere beiden Familien verließen sie ungefähr zur selben Zeit.

Zu Bill Britton

Als ich fünfzehn war, zog meine Familie nach Springfield, Missouri. Wir waren dort ungefähr ein Jahr lang Teil der Gemeinde von Bill

Britton und druckten einige Büchlein in seinem Druckerladen. Bill Britton hatte uns kurz zuvor in Pucallpa, Peru, besucht, wo mein Vater „Bible Names and Their Meanings“ (Biblische Namen und ihre Bedeutung) geschrieben hatte. Meine Eltern hatten dort auch das Buch „The Feast of Tabernacles“ (Das Laubhüttenfest) übersetzt. Mein Vater brachte auch selbst einiges Lehrmaterial auf Spanisch und Englisch heraus. In Springfield halfen wir im Druckergeschäft mit, die Büchlein von Bill Britton zusammenzustellen. Heute werden einige von ihnen wieder aufgelegt, wie „Eagle Saints Arise“ (Adlerheilige, steht auf) und „The Harness of the Lord“ (Das Zaumzeug des Herrn).

In diesem Jahr wurde ich gebeten, in der Gemeinde das Klavierspiel zu übernehmen. Ich genoss den Zustrom von jungen Leuten, die Teil der Bibelschule sein wollten, bei der meine Eltern einige Kurse unterrichteten. Auf dem Dachboden des Pastorenhauses, in dem wir wohnten, fand ich eine Schachtel mit Briefen von einem Mädchen an einen „Dennis“, aber ich sah sie mir nicht an. Später fand ich heraus, dass er dort auch einige Zeit gelebt und in Bills Druckergeschäft gearbeitet hatte.

Ich treffe Dennis

In diesem Jahr fuhr ich mit meiner Familie nach Lubbock, Texas, um an einer Konferenz teilzunehmen. Dort traf ich Dennis, dessen Familie aus Kalifornien gekommen war. Es war gegenseitige Liebe auf den ersten Blick! Wir waren beide so chic. Ich hatte mir ein langes „Maxi“-Kleid mit einer kurzen gefransten Jacke genäht. Ich trug langes glattes Haar mit Mittelscheitel. Er trug eine coole Schlaghose mit Hosenträgern und spielte eine zwölfsaitige elektrische Gitarre. Dennis sang von ganzem Herzen mit einer tollen Stimme und quirligen Bewegungen. Mit seinen achtzehn Jahren war er schon zum Ältesten ernannt worden und predigte das Wort.

Während der Konferenz waren wir unzertrennlich und traurig verabschiedeten wir uns, als wir wieder nach Hause fahren mussten. Eine Woche später machte mir Dennis am Telefon einen Heiratsantrag. Ich war fünfzehn und er war gerade erst neunzehn geworden! Mein Vater bat Dennis, mit dem Heiraten zu warten, bis ich achtzehn war, und das taten wir.

Als er mit unserem Gemeindeleiter darüber sprach, dass er mich heiraten wollte, meinte dieser, Dennis solle besser darüber beten, ob er in Peru leben wolle, weil ich von dort käme. Wir lebten voneinander getrennt in verschiedenen Bundesstaaten der Vereinigten Staaten, bis meine Familie zurück nach Peru zog, wo wir heirateten.

3

Dennis' Kindheit

Aufwachsen

Beeinflusst durch „Latter Rain“ und „Azusa Street“

Während ich in den fünfziger und sechziger Jahren in Peru aufwuchs, wurde Dennis vom Herrn in Kalifornien geformt. Seine Eltern Frank und Allene Walker waren Pastoren in Kalifornien und Washington. Sie wurden durch einen Ausläufer der „Latter Rain“-Bewegung beeinflusst und hatten mit einigen aus der „Azusa Street“-Erweckung zu tun. Sie sahen den Herrn Heilungen und Wunder tun und erlebten, wie die Gaben des Heiligen Geistes wiederhergestellt wurden. Der fünffältige Dienst wurde gepredigt und es gab in den fünfziger und sechziger Jahren viele Propheten, die weissagten.

Heilungen in der Familie

Immer wieder geschahen Heilungen in Dennis' Familie. Einmal wurde bei Dennis' Bruder Doug Polio diagnostiziert und der Arzt sagte seiner Mutter, dass sie ihn sofort in die Notaufnahme des Krankenhauses bringen sollte. Auf dem Weg dorthin machte Allene einen Zwischenstopp zuhause und rief Frank zum Auto hinaus, wo sie für Doug beteten. Als sie im Krankenhaus ankamen und die Behandlung des Jungen beginnen sollte, konnten sie nichts feststellen. Später fragte der Arzt: „Sie sind nicht direkt zum Krankenhaus gefahren, oder?“ Er wusste, dass sie an Heilungsgebet glaubten und der Herr hatte seine Heilungskraft gezeigt.

Dennis war das fünfte von sechs Kindern. Als Baby wurde er schwer krank und schrie vor Schmerzen, wenn ihn jemand anfasste. An einem Abend brachten ihn seine Eltern auf einem Kissen in die Gemeinde mit dem Glauben, dass der Herr ihn heilen würde. Während des Gottesdienstes stellte Gott Frank eine schwierige Frage. „Bist Du bereit, mir Deinen Sohn Dennis zu übergeben?“ Er kämpfte mit dieser Frage und weinte den ganzen Gottesdienst, weil er glaubte, dass Gott Dennis zu sich nehmen würde. Der Herr fragte ihn noch einmal: „ Übergibst Du ihn mir?“ Schließlich ließ Frank ihn los und antwortete: „Ja, Herr, ich übergebe ihn Dir!“ Plötzlich ging der Gastsprecher David Schock zu Dennis hinüber und legte ihm seine Hände auf. Dennis war sofort geheilt!

Tommy Hicks

Um 1957 herum kam ein Erweckungsprediger namens Tommy Hicks als Gastsprecher in die Gemeinde, in der Frank und Allene Pastoren waren. Als er seine Hände über einem Teil der Versammlung schwenkte, fiel jeder in dem Bereich unter der Kraft Gottes zu Boden. Es geschahen viele Heilungen.

In den fünfziger Jahren wurde Dr. Hicks von Gott gebraucht, um in Argentinien eine große Erweckung auszulösen und er betete für Präsident Peron um Heilung. Als Peron auf der Stelle geheilt wurde, öffnete er für Hicks Türen, sodass er in ganz Argentinien in großen Stadien kostenlos Erweckungsveranstaltungen abhalten konnte. Die Kraft Gottes fiel und es wurden viele geheilt und errettet und eine große Erweckung brach aus.

Als Tommy Hicks gerade die Gemeinde der Walkers in Kalifornien verlassen wollte, lief Dennis, gerade mal fünf Jahre alt, auf ihn zu und überreichte ihm eine Münze als Opfer. Dr. Hicks nahm seine Hand und sagte: „Die macht uns zu Partnern im Dienst!“ und segnete ihn. Ohne darüber etwas zu wissen, sagte Lou Engle, ein Prophet Gottes, zu Dennis viele Jahre später, dass er den Mantel des

Evangelisten Tommy Hicks auf seinem Leben habe!

Erweckungsveranstaltungen

Dennis' Familie war bei vielen Heilungs- und Erweckungsveranstaltungen, auch bei William Branham, A.A. Alan und Oral Roberts, weil sie Gottes Gegenwart suchten, wo auch immer er am wirken war. Sie hatten mit einigen Gemeinschaft, die durch die „Latter Rain"-Bewegung beeinflusst waren (wie Dick Iverson, Leonard Fox, Dr. Wyatt, David Schock, David Copp und Violet Kitley), und wurden durch ihre Dienste gesegnet. Einmal ging Dennis nach vorne, als ein Aufruf gemacht wurde, sein Leben für Missionsarbeit hinzugeben.

Rebellische Jahre

Dennis wurde als Kind errettet, rebellierte aber in seinen Teenagerjahren. Später meinte ich spaßhaft zu ihm, dass er, während ich in Peru meinen Geschwistern die Läuse aus den Haaren zupfte, in Kalifornien mit Marihuana zu experimentieren begann. Wir waren eindeutig in unterschiedlichen Kulturen!

Der Wendepunkt

Mit ungefähr fünfzehn Jahren kam für Dennis der Wendepunkt. Zu der Zeit führte er ein Doppelleben, zuhause war ihm nichts anzumerken, aber in der Schule nahm er Drogen. Er hatte für sich entschieden, dass er für das christliche Leben nicht genug Selbstdisziplin hatte und hatte aufgegeben. Innerlich so verzweifelt stichelte er oft seine Schwester, bis das eines Tages in einer Rauferei endete. Die Frau, die auf sie aufpasste, sagte ihm, sie würde seinen Eltern erzählen, was er für ein „Teufel“ sei.

Als seine Eltern den Bericht der Frau bekamen, fuhren sie schnell nach Hause. Dennis lag in seinem Bett und erwartete, wie immer bestraft zu werden, hatte aber in seinem Herzen beschlossen: „Sie können sagen und tun, was sie wollen, aber ich werde wie ein Fels sein und nichts fühlen.“ Sie kamen nicht in sein Zimmer, so dachte er bei sich: „Sie wollen, dass ich zuerst darüber nachdenke.“ Schließlich entschied er: „Ich werde zu ihnen gehen und sie herausfordern, damit wir es hinter uns bringen, aber ich werde nichts fühlen.“ Also stürmte er in die Küche, wo seine Mutter war.

„Na, hast Du mir nichts zu sagen?”, schnappte er.

Sie hielt inne, sah ihn an und sagte: „Ja, da ist etwas, was ich Dir eigentlich sagen wollte. Wir lieben dich.“

Dennis war darauf überhaupt nicht vorbereitet und auf einmal zerbrach der Felsen in ihm. Er ging in sein Zimmer und weinte, weil er wusste, dass dies Gottes Worte an ihn waren. Er hörte Gott sagen: „Selbst wenn Du das Schlimmste tust, das Du tun kannst, liebe ich Dich immer noch.“

Da betete Dennis in völliger Hingabe: „Herr, ich habe so versagt. Wenn Du etwas mit meinem Leben anfangen kannst, gebe ich Dir die Erlaubnis dazu.“ Dennis' Mutter hatte gebetet und Gott gefragt, was sie tun solle. Er hatte ihr die richtigen Worte gegeben. Ihr Gehorsam öffnete in Dennis' Leben die Tür der Hingabe.

Der wachsende Diener

Von da an begann Dennis, das Wort zu studieren, auf den Herrn zu hören, sich Kassetten anzuhören und schließlich zu predigen. Seine Mutter ermutigte ihn immer wieder, selbst auf die Stimme des

Herrn zu hören. Der Herr gebrauchte seinen Vater, sodass Dennis als Prediger wachsen konnte. Sie gingen quer durch die Vereinigten Staaten auf die Straße und Frank erlaubte ihm manchmal zu predigen.

Der Dienst seiner Eltern

Gesalbt und begabt

Beide Eltern von Dennis sind starke Prediger und Bibellehrer und haben in den Gaben des Geistes gedient. Allene war als Musikerin, Lobpreisleiterin, Fürbitterin und wenn sie biblische Wahrheiten erklärte sehr gesalbt. Frank war ein „weinender" prophetischer Prediger, der oft Worte der Erkenntnis für Menschen hatte, wodurch diese für den Heiligen Geist offen wurden.

Andere in Jüngerschaft begleiten

Frank und Allene nahmen viele junge Personen in Jüngerschaft, um sie auf ihren Dienst vorzubereiten. Zu einem Zeitpunkt wohnten sogar insgesamt dreißig Leute bei ihnen zu Hause. WG-Leben war damals auch in der Gemeinde sehr in Mode und diente als Alternative zu den „Freie Liebe"-WGs der Hippie-Bewegung, die Ende der sechziger und Anfang der siebziger Jahre sehr stark war. In dieser Zeit geschah unter den Hippies eine mächtige Ausgießung des Heiligen Geistes, die Jesus-Bewegung, die die ganze Nation erfasste und eine Generation weitgehend veränderte.

Trainiert, um Gottes Stimme zu hören

Dennis braucht Führung

Mit siebzehn Jahren hatte Dennis seinen ersten Job, bei dem er Funkanlagen in Polizeiautos einbaute, da er sich auf Elektronik spezialisiert hatte. Doch eines Tages wurde er entlassen und so suchte er Gottes Führung für sein Leben. Er bat seine Mutter, mit ihm zu beten und so ging sie in ein Zimmer und er in ein anderes, um von Gott zu hören. Später kamen sie wieder zusammen und hatten das gleiche vom Herrn gehört: Er sollte nach Springfield, Missouri, gehen und dort Pastor Bill Britton in seinem Buchdruckdienst helfen. Dennis rief dort an und sie waren begeistert und meinten, er wäre eine Gebetserhörung, da die meisten Mitarbeiter den Sommer über weggingen.

Im Geben geprüft

Dennis zählte sein Geld und es reichte gerade so für eine Busfahrkarte, aber nicht für Essen auf der Reise. Seine Eltern lebten von so wenigen Spenden, dass sie ihm nicht helfen konnten. Er wusste, dass er wegen seiner Bedürfnisse nicht zu Menschen gehen sollte, sondern er wandte sich an den Herrn.

Am Wochenende kam ein schwarzer Prediger seine Eltern besuchen. Seine Bibel fiel schon auseinander und der Herr forderte Dennis auf: „Gib ihm 10 Dollar für eine neue Bibel." „Aber Herr, wenn ich ihm 10 Dollar gebe, habe ich nicht mal mehr genug für eine Busfahrkarte!" „Gib ihm 10 Dollar", kam der Gedanke wieder. Als der Prediger gehen wollte, überreichte ihm Dennis 10 Dollar und sagte ihm, dass Gott wolle, dass er eine neue Bibel bekam.

An diesem Abend zog sich Dennis in sein Zimmer zurück, um mit dem Herrn zu reden. „Ich dachte, ich hätte von Dir gehört, dass ich auf diese Reise gehen soll. Jetzt ist es Zeit zu fahren und ich habe nicht einmal das Geld für die Busfahrt, was soll ich also tun?“ „Pack Deine Taschen!“, hörte er. Also packte Dennis seine Taschen und ging ins Bett.

Am nächsten Morgen klopfte es an der Tür. Eine Familie aus der Gemeinde wollte mit dem Auto verreisen und hatte gehalten, um sich zu verabschieden. Sie wollten unterwegs in Springfield, Missouri, einen Zwischenstopp einlegen. Dennis sagte: „Was für ein Zufall. Ich fahre auch dahin, vielleicht sehen wir uns ja.“ „Schade, dass Du noch nicht gepackt hast, sonst könntest Du gleich bei uns einsteigen und mitfahren“, boten sie ihm an. „Ich habe schon gepackt“, antwortete er. Nachdem sie ihn drängten, fuhr er mit ihnen mit und sie bestanden auch darauf, alle seine Mahlzeiten zu bezahlen. Er kam an seinem Zielort an und hatte noch Geld in der Tasche, weil er der Stimme Gottes gehorcht hatte.

Er arbeitete den Sommer über und dann kam die übliche Truppe von ihrer Reise zurück. Dennis’ früherer Chef wollte ihn wieder einstellen und so kam er in Gottes perfekten Zeitplan zurück nach Hause. Dies war eine der vielen Lebenslektionen über die Führung des Heiligen Geistes, die er später auf dem Missionsfeld in Peru und darüber hinaus sehr gut brauchen konnte.

4

Nach Peru

Herausforderungen am Anfang

Dennis wollte unbedingt schnell Spanisch lernen

Dennis machte sich mit zwanzig auf den Weg nach Peru. Nach seiner Ankunft wollte er meinen Vater anrufen, weil dieser nicht wusste, an welchem Tag er kommen würde. Dennis stellte fest, dass das Telefon am Flughafen ein altes Modell ohne Wählscheibe war, bei dem man mit einer Telefonistin reden musste. Er konnte aber kein Wort spanisch! Also saß er dort und überlegte, was er tun sollte. Schließlich kam ein Taxifahrer auf ihn zu, sprach ihn auf Englisch an und bot seine Hilfe an. Nachdem Dennis für die Fahrt an seinen Zielort weit über den Normalpreis bezahlt hatte, war er entschlossen, die Sprache zu lernen.

Er nahm mehrere Monate lang Spanischunterricht und zwang sich, den ganzen Tag auf Spanisch zu denken. Mutig probierte er die Sprache aus, auch wenn er immer wieder Fehler machte. Als der Boden im Haus einmal nass war, bat er jeden, die Wassermelonen an den Füßen auszuziehen! Nach einiger Zeit versuchte er zu predigen und in einem Dorf hielt er eine ganze Predigt darüber, wie Jesus den Jüngern die Füße in einem Töpfchen wusch. Er verstand nicht, warum alle lachten und sogar der Pastor machte sich lustig, indem er sagte: „Jetzt verstehe ich, warum Petrus seine Füße nicht gewaschen haben wollte!“ Doch trotz der Schwierigkeiten und Fehler konnte er nach kurzer Zeit Spanisch flüssig sprechen, schreiben und übersetzen.

Kleines Flugzeug, gefährliche Reise

Es waren ein paar Monate vergangen, nachdem Dennis in Peru angekommen war. Ich war in Florida und unser Gemeindeleiter in Miami bat einen Gemeindeältesten, der gerade seinen Flugschein gemacht hatte, meine Schwester Debbie und mich zurück zu unserer Familie nach Peru zu fliegen. Er war einverstanden und die Reise sollte unvergesslich werden! Wir brauchten vier Tage, um nach Peru zu gelangen, weil das einmotorige Flugzeug ständig aufgetankt werden musste und das Wetter schlecht war. Manchmal starb der Motor in der Luft ab und er kurbelte den Propeller von innen an. Meine Schwester und ich wechselten uns als „Co-Piloten" ab. Don, der Pilot, schwang das Steuerrad auf unsere Seite und wir flogen das kleine Flugzeug auf und ab über den Wolken wie einen Motorschlitten.

Wir machten in verschiedenen Städten in Nassau, Jamaika, Kolumbien, Ecuador und Peru Zwischenstopp. In Kolumbien landeten wir in einem kleinen Dorf mitten im Dschungel und man teilte uns mit, dass der Treibstoff „vielleicht morgen komme". Sie sagten uns, ein Amerikaner wohne etwas weiter den Pfad hinauf und die Piloten würden sich bei ihm die Zeit vertreiben. Also gingen wir zu ihm, um herauszufinden, ob er uns einen Platz zum Übernachten anbieten konnte.

Was für ein Fiasko! Über seine ganze Hütte waren Nacktfotos in voller Größe verteilt und so verabschiedeten wir uns höflich, aber schnell, wieder. Wir hatten keine Alternative und verbrachten daher die Nacht im Flugzeug und kämpften gegen die Moskitos. Am nächsten Tag kam der Treibstoff an und wir flogen weiter.

Unser Pilot hatte nur einen Flugschein für Sichtflug und konnte nicht nach Instrumenten fliegen, also drehten wir einfach immer um, wenn es nach schlechtem Wetter aussah. Bei unserer nächsten Zwischenlandung waren wir froh, dass es einen Kontrollturm gab und baten den Fluglotsen um einen Wetterbericht. Zu unserem Leidwesen drehte er nur etwas den Kopf, schaute in die Ferne und beschloss, dass es gut aussah. Zweifelnd starteten wir erneut und kamen schnell wieder zurück, um einen aufkommenden Sturm abzuwarten.

Gegen Ende der Reise, als wir in Peru hoch über den Anden unterwegs waren, flogen wir einmal durch einen Sturm, der das Flugzeug zum Springen brachte. Wir hatten keine andere Wahl gehabt, da es keinen Platz zum Landen gab. Gott verhinderte in seiner Gnade, dass wir gegen einen Berg krachten, denn wir konnten nicht sehen, wo wir hinflogen. Schließlich kamen wir in Lima an und erfuhren, dass meine Eltern und mein Verlobter Dennis gefastet und gebetet und seit vier Tagen täglich am Flughafen nach uns Ausschau gehalten hatten.

Ein Busunfall

Die Busfahrt über die Berge nach Tingo Maria führte über eine kurvenreiche, enge, ungepflasterte Straße und dauerte zwanzig Stunden. Wir fuhren zusammen mit Hühnern, Schweinen und schreienden Babys. Die Höhe verursachte zusammen mit den Haarnadelkurven bei vielen Übelkeit. Als in der Nacht die Straße hoch durch Anden führte, wo aufgrund der Höhe von 4600m nur sehr wenig Sauerstoff in der Luft ist, schlief der Fahrer ein. Mein Vater sah, dass er eine Kurve verpasste und schrie ihn an, aber es war zu spät. Wir krachten in einen Biertransporter, der neben der Straße am Rand des Abgrunds parkte, und Glas und Bier regneten auf uns nieder. Meine Eltern waren ziemlich mitgenommen und der Fuß meiner Schwester war unter einem eingeknickten Sitz gebrochen. Wir konnten bis zum nächsten Krankenhaus auf einem vorbeikommenden Kleintransporter mitfahren.

Die Nacht verbrachten wir in Krankenhausbetten und bekamen Sauerstoff, weil wir aufgrund der Höhe schreckliche Kopfschmerzen hatten. Wir waren in Cerro de Pasco, der mit einer Höhe von über 4600m höchsten Stadt der Welt in dieser Größe. Wir staunten über Kinder, die draußen Fußball spielten, wohingegen uns jeder Schritt große Anstrengung bereitete.

Am nächsten Tag nahmen Dennis und ich ein Taxi, um über die Berge zu kommen, und meine Schwester begleitete uns mit einem Verband um ihren Fuß. Meine Eltern blieben zurück, bis sie unser Gepäck aus dem kaputten Bus bekommen hatten. Schließlich kamen wir alle in der Dschungelstadt Tingo Maria an und fuhren dann weiter nach Inti, einem Dorf etwas außerhalb. Hier wohnten wir die nächste Jahre. Unsere Reise hatte uns von der Küstenwüste über die Hohen Berge hinunter in den Bergdschungel geführt.

Dschungelhochzeit

Acht Monate nach meiner Rückkehr nach Peru heirateten Dennis und ich. Ich war nun achtzehn und er war einundzwanzig. Ich nähte mein Hochzeitskleid selbst und backte einen kleinen Schokoladenkuchen mit Kakaobohnen von Kakaobäumen, die in der Nähe wuchsen. Die Leute aus der Gemeinde dekorierten unsere einfache Kirche aus Holz mit wunderschönen Blumen aus dem Dschungel. Mein Vater traute uns während eines Gottesdienstes am Sonntagmorgen. Die Ältesten beteten für uns und prophezeiten über uns und dann setzten wir uns für den Rest des Gottesdienstes wieder auf unsere Plätze.

Unsere Hochzeitsreise in die Stadt war eine Kanufahrt den Fluss hinauf, weil Regenfälle die Brücke weggeschwemmt hatten. In Tingo Maria fanden wir ein Hotel, das gerade erst eröffnet hatte und beschlossen, es auszuprobieren. Unglücklicherweise gab es noch keine Vorhänge und so baten wir um ein Zimmer ganz weit oben, weil alle Zimmer einander zugewandt waren. In der Dusche kam nur kaltes Wasser, das Bett bestand aus einer harten mit Heu gefüllten Matratze und bei unserer ersten Mahlzeit fand ich eine Kakerlake in meinen Pommes. Aber wir waren verheiratet! Und wir waren in Peru, um dem Herrn zu dienen.

Dennis und Lynnie verlobt, 1973

Unser neugeborenes Baby

Ein Jahr später, 1975, wurde unsere erste Tochter Tracie geboren. Sie konnte schon in sehr jungen Jahren fließend englisch und spanisch sprechen. Die Leute auf der Straße streckten die Hände nach ihr aus und berührten ihr weiches blondes Haar, weil das in unserer Dschungelstadt ein so ungewöhnlicher Anblick war.

Leben in Selbstversorgung

Wir lebten in verschiedenen Dschungelstädten, als erstes in Inti, und bauten unser eigenes Gemüse an. Ich kochte, nähte und wusch unsere Kleidung von Hand, unterrichtete in den Dörfern und spielte bei den Versammlungen Akkordeon. Wir hatten Bauernhoftiere und Dennis arbeitete auf den Feldern. Er schwang mehrere Stunden lang am Tag die Machete, um Land vom Dschungelunkraut zu befreien, auf dem wir dann Samen ansäten und Feldfrüchte ernteten. (Dennis hat heute noch eine Schwiele, die von der Machete geblieben ist.) Er spielte auch Gitarre und predigte das Wort, wo auch immer wir waren.

Gottes Versorgung

Der Herr führte und versorgte uns immer und immer wieder. Als wir in Inti lebten, hatte Dennis einmal von Gott den Eindruck, dass er nach Pucallpa reisen sollte, um am Fluss entlang zu predigen. Er musste an einem bestimmten Tag in Pucallpa ankommen, um das Boot zu erreichen, das den Fluss entlang fuhr. Wir hatten Gott gebeten, uns das nötige Geld für die Reise bis zu einem bestimmten Tag zu geben, damit Dennis überhaupt reisen konnte. Wir hatten kein Geld, vertrauten aber darauf, dass der Herr sich darum kümmern würde. Der Tag kam und Dennis wartete den Großteil des Tages auf Gottes Versorgung. Schließlich überlegte er bei sich, dass er sie wohl verpasst hatte, zog seine Arbeitskleidung an und ging zur Arbeit zurück auf die Felder.

Da kam ein Nachbar auf einem Pfad vorbei, der zum Fluss führte. Er blieb plötzlich stehen, sah Dennis an und fragte ihn, ob er gerne in die Stadt mitfahren würde. Dennis war überrascht, denn normalerweise hielten sich die Nachbarn von uns fern. Die meisten von ihnen bauten Kokain an und verkauften es. Sie hatten Angst, dass wir sie anzeigen würden, wenn wir etwas sähen. Tatsächlich hatten wir einmal die Behörden informiert, als auf unserem Grund Kokain angebaut wurde, und es wurden große Säcke voll davon beschlagnahmt. Aber überraschenderweise bot dieser Mann Dennis eine Mitfahrgelegenheit in die Stadt an.

Er antwortete: „Ja gerne, aber ich habe kein Geld für die Bootsfahrt."

„Das geht in Ordnung, ich nehme Dich kostenlos mit."

Also lief Dennis zurück zu seinem Zimmer, zog sich um, packte schnell und fuhr mit dem Kanu von Inti nach Tingo Maria.

Er kam bei dem Haus von Mario, einem Freund von uns, an und der meinte zu ihm, er hätte gehört, dass Dennis auf eine Reise ginge.

„Und wie kommst Du da hin?", fragte Mario. Dennis hatte weder Geld für einen Flug noch für eine Busfahrt, aber er dachte, dass eine Busreise billiger sei, und antwortete: „Mit dem Bus."

„Oh nein, Du musst fliegen! Ich werde Dein Ticket kaufen", beharrte Mario. Also nahm er ihn mit zum Reisebüro und sie kamen dort gerade an, als sie die Rollläden herunterließen, um für diesen Tag zu schließen. „Warten Sie, ich muss für meinen Freund ein Ticket kaufen", rief Mario und weil er in der Stadt gut bekannt war, waren sie einverstanden. Und so sorgte Gott für die ganze Reise nach Pucallpa genau an dem geplanten Tag, aber im allerletzten Moment.

Marios Familie hatte uns früher bei sich aufgenommen, als ich mit Tracie schwanger war und einen Arzt bezahlt, der bei der Hausgeburt anwesend war. In dieser Zeit half Dennis Mario in seinem Exportgeschäft mit Schmetterlingen.

Eine neue Gemeinde entsteht

Als wir in Marios Haus wohnten, gingen sie noch in die katholische Kirche und bekamen Kontakt zu einer charismatischen katholischen Gruppe. Die Charismatische Bewegung erfasste in den siebziger Jahren die ganze Welt und der Heilige Geist wirkte in vielen Großkirchen. In dieser Kirche wurde das von den leitenden Priestern aber noch nicht vollständig akzeptiert. Ein charismatischer Priester war gerade weggeschickt worden und die kleine geisterfüllte Gruppe war ohne Leiter. Daher baten sie Dennis, bei ihnen zu sprechen. Mich baten sie, die Orgel zu spielen und so gingen wir hin.

Einige wurden errettet und mit dem Heiligen Geist erfüllt. Wir besuchten sogar das Kloster und eine Nonne wurde im Heiligen Geist getauft und betete in Zungen! Sie strickte für unser noch nicht geborenes Baby Überziehschuhe und einen Pullover und war eine übersprudelnde, liebevolle Frau. Alsbald wurde sie jedoch von Vorgesetzten in eine andere Stadt geschickt, weil diese sich wegen ihrer Erfahrung Sorgen machten. Es dauerte nicht lange und die gesamte Gruppe charismatischer Leute, die hungrig nach dem Herrn waren, wurde gebeten, die katholische Kirche zu verlassen. Sie wurden Teil einer neu gegründeten Gemeinde in Tingo Maria.

Nach Tracies Geburt zogen wir wieder in die Bauerngemeinschaft in Inti zurück, machten aber regelmäßig Ausflüge nach Tingo Maria, um in den Gottesdiensten der neuen Gemeinde zu dienen.

Unterwegs auf Rinderkauf

Einmal entschieden sich Dennis und eine Gruppe Männer, Rinder und Pferde zu kaufen. Sie fanden einen peruanischen Führer, der ihnen den Weg über die Berge zeigen wollte. Die Wanderung wurde durch die dünne Luft und die durchdringende Kälte immer schwieriger, je höher sie kletterten. Es dauerte nicht lange, bis sie die Baumgrenze erreicht hatten, und sie beschlossen, dort zu übernachten. Plötzlich setzte ein durchdringender Eisregen ein und durchnässte ihre Schlaflager, sodass sie sich entschieden weiterzuwandern, um Erfrierungen zu vermeiden. Ihre Füße wurden taub, die Rucksäcke wurden schwerer und sie waren total erschöpft. Dann fiel der Führer zu Boden und jammerte: „Lasst mich hier, um zu sterben! Ich kann nicht mehr!"

Dennis schrie ihn an und befahl ihm aufzustehen. Er war nicht bereit, ihn sterben zu lassen und orientierungslos zu werden. Der Führer ging zögerlich weiter.

In der Ferne tauchte eine Lehmziegelhütte auf, aus deren Schornstein Rauch aufstieg. Was für ein willkommener Anblick! Als sie dort ankamen, entdeckten sie, dass die Hütte an einem strategisch günstigen Ort des Pfads über den Bergpass lag und eine Absteige für erschöpfte Wanderer war, wo sie warmes Essen bekommen konnten. Dennis und das Team waren glücklich, eine warme Mahlzeit zu bekommen und sammelten sich um die Feuerstelle, um sich aufzuwärmen. Dennis streckte seine extrem kalten Füße zum Feuer hin. Plötzlich warnte ihn jemand, denn er hatte nicht bemerkt, dass seine Plastikschuhe am Schmelzen waren. Es blieb ihm nichts anderes übrig, als den Rest der Reise mit verzogenen Sohlen zurückzulegen.

Der Führer hatte die Wanderung nur auf ein paar Tage geschätzt, tatsächlich dauerte sie zehn Tage. Beim Abstieg ins Tal entdeckten sie Menschen mit Sicheln bei der Getreideernte und waren nun endlich an dem Ort angekommen, wo sie Rinder kaufen konnten. Auf der Rückreise mussten sie den gekauften Tieren die Augen verbinden, um sie vorsichtig über Baumstämme zu führen, die über die Bergpässe lagen. Wenn sie behelfsmäßige Brücken überquerten, sahen die Flüsse weit unter ihnen aus wie Bänder.

Nach ein paar Tagen begegneten sie einer langen Schlange Bergmänner, die mit kleinen Bündeln auf ihrem Rücken hintereinander auf dem Pfad über die Berge trotteten. Hinter ihnen ritt ein Mann auf einem Pferd und hielt ein Gewehr in der Hand. Plötzlich hielt der Mann Dennis und seine Männer an und wollte wissen, was sie in dieser Gegend machten. Sie erklärten, dass sie einfach Rinder gekauft hatten und der Führer versicherte, dass das stimmte. Auf einmal war klar, dass diese Männer Pakete mit Kokain über die Berge trugen, das aus dem Land geschmuggelt werden sollte. Sie benutzen diesen Weg, um nicht erwischt zu werden. Der Anführer, der sie wie Tiere vorantrieb, wollte sicher gehen, dass Dennis nicht von der amerikanischen Drogenbehörde war. Dennis wäre wahrscheinlich erschossen worden, wenn sein Führer nicht in der Gegend bekannt gewesen wäre! Völlig erschöpft und mit Vollbärten kamen Dennis und die anderen schließlich nach Hause.

Eine Nacht mit den Schweinen

Ein anderes Mal bot der Sohn eines Nachbarn an, Dennis zu zeigen, wo „a la vuelta“, oder gleich um die Ecke, Rinder zu kaufen wären. Also ging Dennis mit ihm und „gleich um die Ecke“ entpuppte sich als ein Marsch, der den ganzen Tag dauerte. Am Abend wurde ihnen bewusst, dass sie für die Nacht irgendwo unterkommen mussten und der Junge wusste jemanden nicht weit weg, bei dem sie bleiben konnten.

Als sie auf das Haus zugingen, wurden sie mit angelegten Gewehren empfangen. Als die Bewohner den weißen „Gringo" sahen, hatten sie sicherlich gedacht, dass er ein „pishtako" sein müsse. Er war gekommen, um sie alle umzubringen, um ihr Fett als Öl für sein privates Flugzeug zu bekommen! Es war erstaunlich, wie weit dieser Aberglaube verbreitet war. Der Junge versicherte ihnen, dass er nur Tiere kaufen wollte. Sie baten sie hinein und fragten Dennis, ob er Rindfleisch möge. „Oh, sí", antwortete er begeistert, weil er riesigen Hunger hatte.

Sie brachten ihm eine Schüssel mit Suppe und großen Fleischstücken darin. Er fing an zu essen, war aber abgestoßen von dem sauren Geschmack. Es sah so aus, als würde etwas Reis in der Suppe schwimmen und er versuchte weiterzuessen, um dem Gastgeber Annahme zu zeigen. Plötzlich fiel der „Reis" von den Dachsparren! Er schaute nach oben und entdeckte ein großes Stück Rindfleisch von den Dachsparren herunterhängen, und überall darauf krabbelten Maden herum! Nun wusste er, was er aß und warum es so sauer schmeckte.

Die Hütte bestand nur aus einem Raum und wurde bereits von der Familie ganz ausgefüllt. Daher boten sie Dennis an, auf einem Brett unter dem Pfahlhaus zu schlafen. Dennis streckte sich auf dem Brett aus, um etwas Schlaf zu bekommen. Ihm war nicht bewusst, dass auf genau diesem Brett die Schafe und Ziegen schliefen und die Schweine wollten sich anschmiegen, um Wärme zu bekommen. Er musste sie sich die ganze Nacht vom Hals halten. Nach einer schlaflosen Nacht und einer erfolglosen Suche nach den gewünschten Rindern kehrten Dennis und sein junger Führer wieder zurück nach Hause.

Verheißung einer Erweckung in Peru

Nach ein paar Jahren zogen wir von Inti in den nicht weit weg gelegenen Ort Rondos und lebten dort auf einer Kaffeeplantage. Danach zogen wir nach Anuya, einer entlegenen Gegend im Dschungel nahe dem Fluss Pisqui. In diesen Jahren reiste Dennis in verschiedene Städte und Dörfer im ganzen Land und diente dort.

Einmal unternahm er eine Busreise an die Nordküste Perus zusammen mit Mike Grimshaw, einem Missionar aus England, der in Peru lebte. Auf der Reise hatte Dennis eine Begegnung mit dem Herrn, bei der er den Herrn neben sich im Bus sitzen fühlte. Er sagte ihm, dass er Teil einer großen Erweckung in Peru sein würde, die das ganze Land erfassen würde. Dann zeigte er ihm in einer Vision, wie sich Feuer über die Karte von Peru ausbreitet. Diese Erfahrung beeindruckte Dennis so sehr, dass er sie seit dieser Zeit in seinem Herzen als eine Verheißung Gottes festgehalten hat.

5

Den Dschungel verlassen

Aus Zerbruch wird Segen

Krankheit und Entmutigung

Wir kehrten zu einem sechsmonatigen Aufenthalt in die Vereinigten Staaten zurück. Zusammen mit Dennis' Familie reisten und dienten wir im Land und arbeiteten einige Zeit in Miami. Danach kehrten wir nach Peru zurück in der Erwartung, dort den Rest unseres Lebens zu verbringen. Wir hatten geplant, nach unserer Ankunft in Tingo Maria tief in den Dschungel zu gehen, um dort zu leben und zu dienen. Unsere Pläne wurden allerdings über den Haufen geworfen, als ich herausfand, dass ich schwanger war und eine schlimme Gallenblasenentzündung bekam.

In dieser Zeit ging Dennis durch eine Phase der Entmutigung. Er überdachte und beurteilte alles, woran er glaubte und verschob unsere Pläne. Ich verstand nicht, was er durchmachte, reagierte nicht gut darauf und es kam zu Spannungen in unserer Ehe. Einige Monate später sandte uns Dennis' Großmutter unerwartet Geld, um uns für die Geburt unseres Babys in die Vereinigten Staaten zurückzubringen.

Die Kinder werden in Texas geboren

Wir flogen von Lima in Peru nach Miami und reisten mit Dennis' Familie von Florida nach Cedar Hill in Texas, wo uns eine Familie einlud, bis zur Geburt unseres Babys zu bleiben. Wir gingen dort in eine Gemeinde, wo wir uns mit einem Mann anfreundeten, der Kieferorthopäde war und mit einem Team von Spezialisten für Lippen-Kiefer-Gaumenspalten in Dallas zusammenarbeitete.

Nur Gott wusste vorher schon, dass unser Sohn mit einer Lippen-Kiefer-Gaumenspalte auf die Welt kommen würde. Er hätte im Dschungel wahrscheinlich nicht überlebt. Es war für mich eine Zeit des Zerbruchs. Ich fühlte mich recht hilflos, als unser Baby nach der Hausgeburt ins Krankenhaus kam, wo wir lernen mussten, ihn richtig zu füttern. An diesem Punkt zeigte mir Dennis seine Zuneigung, dankte mir für unseren Sohn und bat, dass er nach ihm benannt würde. Das war ein Annehmen des Zerbruchs, ein Ort der Hingabe und des bedingungslosen Vertrauens in Gott. Unser Charakter wurde geformt und unsere Ehe gestärkt, in einer Zeit, in der sie noch mehr hätte belastet werden können.

Unser neuer Freund stellte den Kontakt zu einem Spezialistenteam her, zu dem auch einer der besten Chirurgen des Landes gehörte, der in der Nähe wohnte. Der Herr hatte in seiner Gnade und in seinem Erbarmen jeden scheinbar negativen Umstand in diesem Lebensabschnitt verwendet und für uns zum Segen verwandelt!

Wir zogen nach Lubbock, Texas, wo Dennis mehrere Jahre lang ein Geschäft für Stereoanlagen leitete und wo unsere Tochter Kelly geboren wurde. Wir mussten feststellen, dass unsere Träume, nach Peru zurückzukehren, nicht Wirklichkeit werden sollten, weil auch sie mit einer Lippenkiefergaumenspalte geboren wurde. Es war klar, dass die beiden jüngeren im Heranwachsen wiederholt operiert werden würden. Aber wir nahmen diese Zeit des Zerbruchs in unserem Leben an. Wir hatten keine Ahnung, dass der Herr größere Pläne für uns hatte!

Zerbrüche werden zu Segen

Wir lernten eine sehr wichtige Lektion. Als wir unsere Pläne und Träume, den Rest unseres Lebens in Peru zu verbringen, aufgaben, war dies eine Zeit, in der unsere Träume starben. Aber erstaunlicherweise verwandelte Gott diese Zeiten, in denen wir uns dem Herrn anvertrauten, in Meilensteine zu größerem Segen.

Nachdem unsere Kinder geboren waren, gab uns jemand ein Wort vom Herrn, dass der Geburtsfehler nicht durch Sünde verursacht war, sondern um Gottes Herrlichkeit zu zeigen. Ich verstand, dass in unserer gefallenen Welt unperfekte Dinge passierten. Jahre später konnten wir erleben, wie Gott die Münder unserer wunderbaren Kinder im Dienst gebrauchte. Alle drei wurden gesalbte Lobpreisleiter, sie hatten schöne Stimmen, spielten Instrumente und wurden gebraucht, um Gottes Wort prophetisch weiterzugeben.

Veränderungen

Von Texas zogen wir für ein Jahr nach Atlanta, Georgia. Während wir dort waren, sagte im Jahr 1984 der Herr zu uns, dass wir „The Move" verlassen sollten. Das war die Gruppe von Christen, zu der wir über zwanzig Jahre gehört hatten, die nun gesetzlich und kontrollierend geworden war. Wir gingen dann in eine kleine Gemeinde, die von der Familie Cameron aus Schottland geleitet wurde. Drei Monate lang überschütteten sie uns mit Liebe, und wir weinten, weil wir die bedingungslose Liebe des Vaters empfingen. Diese Erfahrung war ein so wichtiger Schritt in unserem Leben und wir werden immer dankbar dafür sein.

Ungefähr zu der Zeit rief uns Dennis' Bruder David Walker aus Las Vegas an. Er bat uns zu beten, ob wir in die Gemeinde, in der er Co-Pastor war, kommen und vielleicht eine Missionsarbeit aufbauen wollten.

Wir entschlossen uns, meine Eltern in Orlando, Florida, meinem Geburtsort, zu besuchen und mit unseren drei Kindern zu Disney World zu gehen. Auf der Heimfahrt sprach der Herr zu uns, dass es sein Wille für uns wäre, nach Las Vegas zu ziehen.

Bei der nächsten Gemeindeveranstaltung zuhause in Georgia stand eine Frau auf und sagte: „Dieses Wort ist für jemanden hier. Du warst ein Jahr lang hier und der Herr schließt Türen hinter Dir und öffnet neue Türen vor Dir.“ Uns wurde bewusst, dass wir genau ein Jahr in Atlanta gewesen waren! Wir hatten die Bestätigung bekommen, nach Las Vegas zu gehen.

6

Nach Las Vegas

Erwartungen und Zerbrüche

Bescheidene Anfänge

Wir luden alles ein und zogen quer durchs Land nach Las Vegas. In unserem ersten Gottesdienst dort drehte sich ein unbekannter Mann zu Dennis um und prophezeite: „Der Herr sagt, er hat Türen hinter Dir geschlossen und neue Türen vor Dir geöffnet!"

So begannen die Abenteuer mit dem Herrn in Las Vegas, einem Ort voller Schwierigkeiten und Segnungen, an dem wir niemals erwartet hatten zu wohnen. Am Anfang wohnten wir in der Garage von Dennis' Schwester Dara und gründeten eine Tapezier- und Malerfirma. Wir wollten unsere Arbeitsstunden selbst bestimmen können, um auch Zeit für die Arbeit für den Herrn zu haben.

In der Gemeinde kannte uns niemand und es öffneten sich keine Türen, daher ging Dennis zur Gemeindesekretärin und fragte, wie er helfen könne. Sie ließ ihn Türen reparieren, die Toiletten tapezieren und Wände streichen. Einige Monate diente er bereitwillig auf diese Weise.

Nach ein paar schwierigen Jahren mit der Firma sah es so aus, als wären wir noch weiter weg gekommen von Gottes Berufung für unser Leben. Vor Jahren schon hatte Dennis von Gott die Verheißung empfangen, dass er Teil einer großen Erweckung in Peru sein würde. Dies schien nun völlig unerreichbar und er wurde immer mehr entmutigt.

Kapitulation auf dem Berg

Dennis beschloss deshalb, etwas zu unternehmen. Eines morgens stand er auf, nahm unseren Sohn Denny mit und kletterte auf einen der Berge um Las Vegas. Dort rief er zum Herrn. Er fragte Gott, warum Er ihm Hoffnungen und Verheißungen im Zusammenhang mit Peru gegeben hätte und nun weiter davon entfernt wäre als je zuvor. Und er käme nur jeden Tag vom Häuser streichen in einer anderen Farbe nach Hause! Er brachte ein ernstes „Beschwerdegebet“ vor. Aber dann wurde er ruhig, um Gottes Antwort zu hören.

„Wer ist Gott?“, wollte Gott wissen. „Du, oder ich?“

„Du bist es, Herr.“

„Was ist, wenn alles, was ich für Dich habe, darin besteht, den Rest Deines Lebens ein guter christlicher Maler zu sein?“

„Ich werde es tun, Herr“, antwortete er.

Dann baute er aus Steinen einen Altar und fand ein getrocknetes gedrehtes Stück Holz, das ihn darstellte sollte. Er legte es auf den Altar und gab sich, alle Erwartungen loslassend, neu dem Herrn hin. Es war sozusagen ein Abraham-Moment. Alle Verheißungen an Abraham hatten mit Isaak zu tun und Gott verlangte von ihm, Isaak aufzugeben. Und Dennis ließ an Gott alle Erwartungen und Verheißungen los. Als er das tat, war es ein Moment des Zerbruchs, der Hingabe und des Glaubens. Dennis kam den Berg herunter, die Last war von ihm genommen und er hatte Frieden in seinem Herzen. Er wollte zufrieden sein, was auch immer auf ihn zukommen würde.

Wir haben gelernt, dass der Herr uns vor jeder Beförderung durch eine neue Ebene von Zerbruch und Hingabe führt. Es ist so wichtig, diese Zeiten anzunehmen.

Den Terrorismus konfrontieren

Sehr kurz danach öffnete Gott Türen in Peru. 1989 organisierte Dennis Evangelisationsveranstaltungen, bei denen jeden Abend ungefähr 8000 Menschen kamen. Tagsüber lehrten wir ungefähr 500 Pastoren und Leiter. Zu dieser Zeit gab es in Peru viel Terrorismus durch die Guerillas des Leuchtenden Pfads. Ungefähr dreizehn Bürgermeister waren nacheinander umgebracht worden. Wir waren aufgrund dieser Gefahr davor gewarnt worden, nach Peru zu gehen, hatten aber empfunden, dass Gott sagt: „Geht". Unsere Botschaft lautete: „Christus ist unser Friede." Christen verteilten sie auf Plakaten in der ganzen Stadt Pucallpa.

Wegen dem Terrorismus gab es in der Stadt eine starke Militärpräsenz. Sogar junge Burschen wurden rekrutiert, um als bewaffnete Wachen den Flughafen zu sichern. Stacheldraht verhinderte, dass keiner außer den Reisenden das Gelände betreten konnte.

Bei einem Fernsehinterview wurde Dennis gefragt: „Glauben Sie an Gewalt als Mittel zu sozialer Gerechtigkeit?" Es war eine brisante Frage, denn wenn er „Ja" sagte, drohte ihm Gefahr von der Militärpolizei und wenn er „Nein" sagte, drohte ihm Gefahr von den Terroristen.

Da gab ihm Gott eine Idee. Er stellte folgende Frage: „Woher kommen Kriege?"

„Wir wissen es nicht", antworteten sie.

„Die Bibel sagt, dass Kriege aus den Lüsten des menschlichen Herzens kommen. Welche der politischen Möglichkeiten kann die Herzen der Menschen verändern?", fragte Dennis.

„Keine."

„Darum sind wir hier. Wir bringen die Botschaft, dass Christus die Herzen der Menschen verändern kann."

Während einer der Evangelisationsveranstaltungen explodierte eine Bombe außerhalb der Mauern des Stadion. Später kam ein Mann nach vorne und berichtete, dass er die Bombe eigentlich unter der Bühne angebracht hatte. Er hatte uns „Gringos" töten wollen, einschließlich unserer Tochter Tracie, die während des Lobpreises einige Ausdruckstänze getanzt hatte. Die Überführungskraft des Heiligen Geistes fiel auf ihn und er brachte die Bombe aus dem Stadion, bevor sie explodierte. Danach kam er nach vorne und gab sein Leben dem Herrn.

An diesen Evangelisationstagen wurden viele geheilt, blinde Augen wurden geöffnet und ungefähr 2000 Personen nahmen Christus als ihren Retter an. In dieser Woche wurden mehrere hundert Pastoren und Leiter untergebracht, mit Essen versorgt und bekamen Lehre. Monate später wurde uns berichtet, dass nach unserem Besuch die Gewalt aufgehört hatte. Die Botschaft „Christus ist unser Friede" hatte Früchte getragen.

Las Vegas, unsere Basisstation

In Vorbereitung auf diese Evangelisation wartete Dennis in einem Hotel in Pucallpa auf den Herrn und Gott sprach zu ihm, dass wir nicht nach Peru zurückgehen würden, um dauerhaft dort zu wohnen. Der Herr sagte, dass wir eine spanischsprechende Gemeinde aufbauen sollten, die als Startrampe dienen würde, um Lateinamerika zu erreichen. Außerdem sollten wir uns ein Haus in Las Vegas kaufen.

Der Herr versorgte uns auf wunderbare Weise mit einem Haus, das wir kaufen konnten. Am letzten möglichen Tag fehlte uns noch der größte Teil des Geldbetrags für die Anzahlung, deshalb riefen wir die Familie zum Gebet zusammen. Genau in der Zeit kam ein Freund an die Tür, der mit uns zusammenarbeitete. Normalerweise hatte er kein Geld, aber während unserer Reise nach Peru hatte Gott ihn gesegnet und er lieh uns das Geld, das wir für die Anzahlung brauchten. Innerhalb von zwei Monaten konnten wir ihm das Geld zurückzahlen, weil Gott unsere Firma segnete.

1989 gründeten wir eine spanische Gemeinde in Las Vegas und dienten weiter in der englischsprachigen Gemeinde. Inzwischen war Dennis als Sprecher bekannter geworden und er war Ältester in der Gemeinde. Wir sind dem Herrn so dankbar für die „Christian Life Community"-Gemeinde in den achtziger und neunziger Jahren. Es gab dort innigen Lobpreis, neue Menschen kamen zum Herrn und die Hauskreise waren von Liebe und Fürsorge geprägt. Obwohl die Gemeinde später aufgrund von verschiedenen Differenzen durch Spaltungen ging, war unsere Zeit dort ein wichtiger Schritt in unserem christlichen Leben.

Eheseminare

Zum ersten Mal in unserem Leben besuchten wir in der Gemeinde Seminare und „Festessen für Paare", und diese hatten Auswirkungen auf unsere Ehe. Das war für uns eine neue Erfahrung, weil wir in der Gruppe, in der wir früher gewesen waren, nicht über Ehe gelehrt worden waren. Das hatte unnötige Spannungen in unsere junge Ehe gebracht. Als Folge dieser Lehren, die unsere Ehe gesegnet hatten, gaben Dennis und ich in verschiedenen Gemeinden in den Vereinigten Staaten und Lateinamerika Seminare über Ehe und Kindererziehung. In den Gebetszeiten ließen wir den Herrn an die Wurzeln von Eheproblemen gehen, und es passierten Heilungen.

Ein Pastor und seine Frau kamen zu einem privaten Gespräch

zu uns als letzter Versuch ihre Ehe zu retten. Bevor wir anfingen zu reden, schlug Dennis vor, kurz still auf den Herrn zu hören, was er uns sagen würde. Dennis schrieb auf, was er als die Wurzeln der Probleme gehört hatte und legte den Zettel beiseite. Dann erlaubte er ihnen, nacheinander über alle Beschwerden zu reden, die sie gegen den anderen hatten und Dennis schrieb diese auf eine Tafel auf. Nach einigen Stunden waren sie endlich fertig. Dennis malte ein großes „X“ durch die Liste und sagte: „Das sind nicht die wirklichen Probleme. Sie sind nur die Symptome. Seid Ihr bereit, mit den Wurzeln Eurer Probleme umzugehen?“ Sie waren einverstanden.

Als wir mit ihnen in getrennte Zimmer gingen, um für sie zu beten, flüsterte Dennis mir ins Ohr, dass die Frau von einem Familienmitglied vergewaltigt worden wäre. Er drehte sich zu ihr und forderte sie auf, mir zu erzählen, was sie noch niemandem erzählt hätte. Dann nahm er den Ehemann mit in ein anderes Zimmer und wir beteten mit ihnen über den Wurzelproblemen. Die Worte, die er vom Herrn gehört hatte, stimmten. Als Folge vergangener Wunden hatten beide sich selbst geschworen, sich nie vom anderen Geschlecht kontrollieren zu lassen und die Mauern der Auseinandersetzung zerstörten ihre Ehe. Nachdem wir damit fertig waren, ihnen zu dienen, innere Festlegungen zu brechen, Menschen, die sie verletzt hatten, zum Herrn loszulassen und den Heiligen Geist gebeten hatten, ihre Verletzungen zu heilen, ließen wir sie privat miteinander reden und sich gegenseitig auferbauen. Sie dankten uns und fuhren wieder nach Hause nach Kalifornien. Ein Jahr später hörten wir von ihnen, dass sich ihre Ehe an dem Tag unseres Treffens total verändert hatte, und der Gemeinde ging es sehr gut. Der Heilige Geist hatte eine Ehe bei einem einzigen Treffen geheilt!

Heilungen

Heilungsseminare

Ende der achtziger und Anfang der neunziger Jahre nahmen wir an Trainingskonferenzen von John Wimber aus der Vineyard Christian Fellowship in Kalifornien Teil. Wir wollten lernen, wie man für Kranke betet, indem man auf den Herrn hört. Wir wurden gelehrt, dass Krankheiten durch geistliche, emotionale oder physische Ursachen ausgelöst werden. Wenn wir auf den Herrn hörten, könnten wir die Wurzel herausfinden. Wir kannten aus unserer Ursprungsgemeinde nur die traditionelle Art zu beten, die oft gesalbt aussah, aber nicht viel Frucht zeigte, weil wir angelernte Gebete und Ausdrucksformen kopierten, anstatt auf den Herrn zu hören.

Wir halfen bei der Bildung eines Heilungsgebetsteams in unserer Gemeinde in Las Vegas und begannen, Seminare zu halten. Personen, die Heilung brauchten, kamen zum Gebet zu uns.

Eine Ehe und eine Gebärmutter geheilt

Den ersten Termin hatten wir mit einem Paar, das sowohl Ehe- als auch Gesundheitsprobleme hatte. Wir hatten den Eindruck, dass wir für sie getrennt beten sollten. Dennis betete zusammen mit einem anderen Mann für den Ehemann und ich betete mit einer anderen Frau für die Ehefrau. Der Herr verwandelte nicht nur die Ehe, indem er die Wurzeln von projiziertem Ärger gegen die Eltern aufzeigte, sondern heilte auch die Frau völlig von einem Tumor! Sie erzählte uns, was beim nächsten Biopsietermin bei der Frauenärztin geschah. Die Ärztin untersuchte sie, ging dann ans Fenster und untersuchte sie dann noch einmal. Schließlich fragte sie: „Was haben Sie getan? Es ist nichts da!" Schnell erklärte sie, was der Herr getan hatte. Dieses Wunder überwältigte uns und stärkte unseren Glauben.

Krebs verschwindet

Eine Frau mit 39 Tumoren im Unterleib kam in das Büro, in dem wir für Kranke beteten. In Folge der Chemotherapie hatte sie keine Haare, die Behandlungen hatten aber nicht geholfen. Als wir auf den Herrn warteten, sprach er zu Dennis das Wort „Schwangerschaftsabbruch". Er hatte nicht das Gefühl, dass sie abgetrieben hatte und fragte die Frau, was das Wort für sie bedeute. Sie dachte eine Minute darüber nach, und dann fiel ihr ein, dass ihr ihre Mutter erzählt hatte, ihr Vater hätte versucht sie abzutreiben, indem er ihre Mutter in den Bauch getreten hatte. Ihr Vater hatte sich ihren Tod gewünscht. Weiter berichtete sie, dass ihre Mutter ihr später sagte, sie hätte sich gewünscht, sie wäre niemals geboren worden. Das war der zweite Todeswunsch. Jetzt dachte die Frau, dass ihr Mann vielleicht durch ihren Tod errettet werden würde. Sie hatte sich ihren Eltern in dem Todeswunsch angeschlossen. Der Fluch über ihrem Leben war ein Todeswunsch. Wir führten sie in ein Gebet, in dem sie diese Flüche brach und ihren Eltern vergab. Sofort darauf spürten wir Gottes Frieden, der sich wie eine schwere Decke über den Raum legte und wir nahmen ihn einfach eine Zeit lang in uns auf.

Eine Woche später ging sie nach Kalifornien, wo sie einen Termin für eine Computertomographie hatte. Nach der Untersuchung baten sie sie noch einmal herein, um den Vorgang zu wiederholen, weil sie annahmen, dass das Gerät vielleicht nicht funktionierte. Als sie noch einmal untersucht wurde, konnte kein einziger Tumor festgestellt werden! Kurz darauf wuchsen ihre schönen roten Haare wieder und ihre Heilung war vollständig.

Hexerei und der Tumor

Eine Frau, die um Heilungsgebet kam, war aus Kuba. Sie hatte einen krebsartigen Tumor. Wir überschütteten sie mit Gebet und warteten auf den Herrn. Plötzlich erhielt mein Mann ein Wort der Erkenntnis. „Hattest Du mit Hexerei zu tun?"

„Nein, nie!", antwortete sie und wir warteten weiter im Gebet auf den Herrn. Es veränderte sich nichts und so sagten wir ihr, sie solle eine Woche später zu einem weiteren Termin kommen.

Wieder fragte Dennis: „Bist du Dir sicher, dass Du noch nie mit Hexerei zu tun hattest?" Sie antwortete wieder mit einem ausdrücklichen „Nein". Das wiederholte sich jede Woche, bis Dennis sie in der siebten Woche wieder fragte, ob sie nicht in irgendeiner Form Hexerei praktiziert hätte. Schließlich murmelte sie etwas davon, dass sie einen Zaubertrank gemixt und eine Kleinigkeit getan hätte, damit ein böser Nachbar wegziehen würde, aber das wäre alles gewesen. Dennis erklärte ihr, dass das Hexerei gewesen war, wodurch ein Fluch auf ihr Leben gekommen war, zu dem auch der Tumor in ihrem Körper gehörte. Er leitete sie in einem Gebet, in dem sie sich von dem, was sie getan hatte, lossagte, es zerbrach und den Herrn um Vergebung bat. Bereitwillig folgte sie seiner Anleitung. Als wir auf den Herrn hörten, konnte ich plötzlich spüren, wo sich der Tumor in ihrem Körper befand, was ein Wort der Erkenntnis war. Also legte ich meine Hand bei ihr auf die Stelle, wo ich ihn spürte, und befahl ihm zu verschwinden. Ich fühlte ihn gehen, weil das Gefühl in meinem Körper verschwand, und rief: „Er ist weg!". Sofort legte ich die Hand auf meinen Mund und sagte: „Hoppla".

Wir hatten gelernt, dass man den Menschen nicht sagen sollte, sie seien geheilt, sondern sie sollten es selbst herausfinden und durch einen Arzt bestätigen lassen. Der Grund dafür war, dass in manchen christlichen Kreisen vielen gesagt wurde, sie sollten glauben, dass sie geheilt seien, auch wenn sie davon nichts sehen konnten. Das führte oft zu Schuld- und Verdammnisgefühlen, weil sie „nicht genug Glauben hatten". Deswegen wurde im Namen des Glaubens kein Arzt aufgesucht und im Gebet wurde nicht wirklich auf Gott gehört. Ich glaube aber, dass in diesem Moment ein Wort des Glaubens in mir aufstieg, weil ich wirklich von Gott gehört hatte. „Glaube kommt durch Hören."

Wir trugen der Frau auf, sich von einem Arzt untersuchen zu lassen. Der Tumor war wirklich vollkommen verschwunden! Die geistliche Wurzel der Hexerei war offenbart und gebrochen worden und der Tumor musste gehen.

Gründung von spanischen Gemeinden in Las Vegas

Wiederherstellung verwundeter Pastoren

In den Jahren in Las Vegas ließ uns der Herr mehrere spanische Gemeinden gründen, entweder direkt, oder indem wir halfen, dass verwundete Pastoren wieder in den Dienst zurückkehrten. Wir dienten diesen Pastoren, erneuerten ihre Vision und stellten Verbindungen zwischen ihnen und englischen Gemeinden her. Dadurch bekamen sie Gebäude, in denen sie sich treffen konnten, und die englischen Gemeinden bekamen einen spanischen Zweig. Mehrere dieser Gemeinden sind heute noch gut am Laufen.

Die Clown-Schlagzeugerin

Als wir unsere erste spanische Gemeinde aufbauten, fingen wir mit einer interessanten Gruppe an. Liz, unsere Schlagzeugerin, kam normalerweise direkt nach der Arbeit als Clown verkleidet, denn das war ihr Beruf. Wir hatten also einen Schlagzeugerclown! Liz flehte Dennis an, ihrem Mann Manny zu helfen, der Musiker war und mit Drogen und Alkohol zu tun hatte. Dennis verfolgte ihn in Bars oder suchte ihn zwischen Shows im Kasino in seinem Umkleideraum auf. Schließlich gab Manny sein Herz im Beisein von Dennis dem Herrn und wurde nach einer Zeit des Wachstums unser Lobpreisleiter.

Wir geben einen „Sohn" frei für einen größeren Dienst

Nach mehreren Jahren Jüngerschaft und treuem Dienen trafen wir uns mit Manny und Liz und sie sagten uns, dass ihr Dienst besser in eine Gemeinde der Stadt passen würde, die ehemaligen Drogenabhängigen und Alkoholikern diente. Mit anfänglich wehem Herzen beteten wir darüber, erklärten uns aber einverstanden. Auch wenn Dennis Manny zum Herrn geführt hatte, wusste er, dass Jesus das Haupt der ganzen Kirche ist und dass wir eine Sicht für das Königreich von Jesus haben sollten. So luden wir den Pastor der anderen Gemeinde zu unserem Sonntagsgottesdienst ein und übergaben Manny und Liz in seine Fürsorge. Wir segneten sie dafür, dass sie der Führung des Herrn in ihrem Leben folgen konnten. Ihr Dienst blühte auf und die Liebe zwischen uns blieb bestehen.

Es dauerte nicht lange und die beiden dienten bei verschiedenen Einsätzen, sogar in anderen Ländern. Schließlich wurde Manny Pastor einer Gemeinde in Las Vegas, bis er an Diabetes starb. Bei seinem Begräbnis erzählten uns mehrere ehemalige Drogenabhängige, welchen Einfluss er auf ihr Leben gehabt hatte. Liz arbeitet heute immer noch als Clown, hat einen Fernsehdienst für Kinder und reist ins Ausland, um Kindern zu dienen. Wir hatten sie für Gottes Führung freigegeben und die Frucht war gut!

Durch Jesus befreit

Eine Frau mit mentalen Problemen kam in unsere Gemeinde, sie konnte nicht mehr Auto fahren oder arbeiten. Sie musste starke Medikamente nehmen, um normal und ruhig zu bleiben. Es wurde für sie gebetet und sie spürte auf einmal, wie die Kraft Gottes durch ihren Körper ging. Bald konnte sie die Medikamente vollständig absetzen, fuhr mit dem Auto und fing wieder an zu arbeiten!

Eine andere Frau kam in die Gemeinde und während des Lobpreises manifestierten sich Dämonen bei ihr. Dennis bat meinen Vater, der gerade zu Besuch war, und ein Team, mit ihr aus dem Gottesdienst zu gehen und mit ihr zu beten. Jorge, ein überschwänglicher Diakon, der noch recht jung im Herrn war, beobachtete, wie die Frau freigesetzt wurde. Als mein Vater den Geistern befahl zu gehen, lief Jorge zur Tür, um sie wie ein Gentleman zu öffnen, damit die Dämonen gehen konnten! Es war wunderbar. Als die Frau endlich frei war, war er so begeistert, dass er in den spanischen Gottesdienst platzte und Dennis bei der Predigt laut rufend unterbrach: „Wie buchstabiert man Befreiung? J-E-S-U-S!“ Alle lachten und jubelten, als die Frau vollständig befreit hereinkam!

Weniger Arbeit, mehr Bezahlung

Während wir die spanische Gemeinde aufbauten, arbeiteten Dennis und ich als Tapezierer und Maler. Aber wir waren immer sehr knapp bei Kasse. Schließlich betete Dennis zu Gott: „Herr, ich brauche mehr Arbeit, um die Rechnungen bezahlen zu können“. Dann hörte er still auf Gott. Überraschenderweise gab der Herr ihm eine Liste mit vier Kunden und trug ihm auf, sie anzurufen und ihnen zu sagen, dass er nicht mehr für sie arbeiten könne. Er stellte das in Frage und erinnerte den Herrn daran, dass er mehr und nicht weniger Arbeit brauche, gehorchte aber dem Herrn. Er rief die vier Kunden an und bat sie, sich nach jemand anderem umzusehen.

Erstaunlicherweise arbeiteten wir ab da weniger Stunden, verdienten aber mehr Geld. Dadurch hatten wir mehr Zeit für die Arbeit für Gott. Ich bin froh, dass Gott wusste, was wir wirklich brauchten. Nicht lange danach konnte die Gemeinde Dennis als Pastor bezahlen, aber ich tapezierte noch einige Jahre weiter, um für unseren Unterhalt zu sorgen.

Lateinamerikanische Kultur

Die Gemeinde wuchs und irgendwann zählte ich neunzehn vertretene spanischsprechende Nationen. Diese Menschen waren aus Mexiko, Mittelamerika, Südamerika und von den Karibischen Inseln gekommen, um in Las Vegas zu leben. Nach einer Zeit konnten wir schon an ihrem Akzent erkennen, woher sie kamen. Wir entdeckten, dass wir gewisse Worte nicht verwenden durften, weil sie in einigen Ländern anstößig waren, in anderen aber nicht. Menschen aus manchen Kulturen waren schüchtern und still, andere hatten laute, ungestüme Persönlichkeiten. Manchmal beleidigten sich die Menschen gegenseitig, lernten sich aber unter dem Wirken des Heiligen Geistes zu lieben.

Ich lernte, dass Argentinier ihre Geburtstagspartys gerne um 22:00 Uhr beginnen und dann bis nach Mitternacht feiern. Sie essen Pasta, Mexikaner essen Tortillas und die meisten anderen lateinamerikanischen Völker essen Reis. Ich erfuhr, dass spanische Babypartys, zu denen man zu einer bestimmten Uhrzeit eingeladen wird, möglicherweise erst Stunden später anfangen. Begrüßungen und Abschiede sind formell und die Frauen werden auf die Wange geküsst. Und Kinder lernen schon sehr früh, höflich zu sein. Erwachsene springen ein, um sich gegenseitig zu helfen. Als sie herausfanden, dass wir auf unserem Haus ein neues Dach brauchten, kam an einem Samstag eine große Gruppe von Männern und erneuerte es. Ein anderes Mal strichen sie alle Wände in unserem Haus. Sie liebten Partys, bei denen jeder etwas zu essen mitbringt, und wir fanden fast jede Woche einen Grund zum Feiern. Sie waren Menschen voller Liebe, genossen Gemeinschaft und hatten kulturelle Traditionen.

Viele wurden in den Jahren unseres Dienstes errettet und mit dem Heiligen Geist erfüllt. Wir sendeten einige Zeit ein Radioprogramm mit interessanten Nachrichten für die spanischsprechende Bevölkerung, Hörspielen, einer Botschaft fürs Herz und Frauenthemen, über die ich sprach.

Totenauferweckungen in Las Vegas

Besuch bei Verwandten im Himmel

Auf dem Weg zum Krankenhaus in Las Vegas, wo eine liebe Frau aus Kuba im Sterben lag, fragte Dennis den Herrn, was er wegen ihr tun solle. Der Herr sagte Dennis, dass sie und ihr Mann einigen Leitern der Gemeinde gegenüber sehr kritisch und bitter gewesen wären, und dass Buße nötig sei, damit Heilung fließen könne. Er konnte dies im Natürlichen nicht wissen, weil wir gerade erst von einem Aufenthalt in Peru zurückgekehrt waren. Als er im Krankenhaus ankam, ging er direkt zum Ehemann und fragte ihn, ob er wolle, dass seine Frau lebt. Er schien überrascht über so eine Frage und antwortete mit „Ja".

„Nun, dann musst Du Buße tun über Kritik und Bitterkeit gegen die Leiter." Der Mann gestand, dass dies stimmte, ging auf die Knie und tat Buße. Unter Dennis' Anleitung tat er auch Buße anstelle seiner Frau, die im Koma lag.

Dennis ging in ihr Zimmer und was er sah, war kein schöner Anblick. Ihr Körper war auf die doppelte Größe aufgedunsen und sie wurde durch Maschinen am Leben erhalten. Er ging zu ihr hin und befahl, dass Leben in sie zurückkehre. Danach drehte er sich um und ging aus dem Raum, weil er empfand, dass er erledigt hatte, was der Herr ihm aufgetragen hatte. Vor dem Zimmer blieb er stehen und sagte durch ein Wort der Erkenntnis zu der Tochter, dass ihre Mutter leben würde, weil sie ihre Enkelkinder aufwachsen sehen wolle.

Später erzählte die Frau ihre Geschichte. Sie war schon gestorben und im Himmel, wo sie einige Verwandte sah, die schon früher verstorben waren. Sie begrüßte sie und erklärte ihnen, dass sie zurückgehen wolle, um ihre Enkelkinder aufwachsen zu sehen. Als Dennis Leben in sie zurück befahl, wachte sie aus dem Koma auf und wurde wenige Tage später aus dem Krankenhaus entlassen! Sie lebt heute noch und sieht nicht nur ihre Enkel aufwachsen, sondern auch ihre Urenkel.

Keine Gehirnströme

Bei einer anderen Gelegenheit wurde Dennis ins Krankenhaus gerufen, weil das Baby einer Familie aus der Gemeinde ertrunken war.

Die Mutter badete die Kleine gerade, als ein anderes ihrer Kinder die Haustür öffnete und ein Mann hereinkam. Sie rief schnell eine andere Tochter, die auf das Baby aufpassen sollte, ließ das Baby in einem Wannensitz und lief zur Haustür, um den Mann wieder loszuwerden. Er war weiß gekleidet und vertrat massiv irgendeine neue Religion. Als sie den Mann zur Tür hinausgebracht hatte und ins Badezimmer zurückkehrte, entdeckte sie, dass das Baby unter Wasser gerutscht war. Die ältere Schwester hatte nicht verstanden, was ihre Mutter von ihr wollte. Das Baby atmete nicht mehr. Die Mutter rief außer sich den Notruf an, aber es vergingen ein paar Minuten, bis der Krankenwagen kam. Die Sanitäter schlossen das Baby an die Sauerstoffflasche an und rasten mit ihr ins Krankenhaus. Dort wurde es an Maschinen und ein Atmungsgerät angeschlossen.

Als Dennis benachrichtigt wurde, fuhr er ins Krankenhaus und fragte den Herrn, was er tun solle. Der Herr sagte ihm, dass er die Eltern fragen solle, was sie wollten und er würde es tun. Als er im Krankenhaus den Gang entlang auf die Eltern zuging, rieten ihnen gerade die Ärzte und Krankenschwestern, sich von dem Baby zu verabschieden, da es gehirntot war. Sie wollten die Geräte abschalten. Als die trauernden Eltern auf das Zimmer zugingen, fragte Dennis, ob er mitkommen dürfe. Da er ihr Pastor war, waren sie froh, ihn dabei zu haben.

Als sie in dem Raum ankamen, fragte Dennis sie direkt: „Was wollt Ihr wegen Eurer Tochter vom Herrn?“

Die Mutter antwortete: „Ich möchte sie zurückhaben, auch wenn sie einen Gehirnschaden haben sollte. Ich wäre bereit, den Rest ihres Lebens für sie zu sorgen.“ Und ihr Mann stimmte zu.

Also ging Dennis zu der Kleinen und befahl ihr zurückzukommen. Dann drehte er sich um und ging, weil er wieder fühlte, dass er getan hatte, was Gott ihm aufgetragen hatte. Die Krankenschwestern kamen herein und stellten alles ab, aber die Kleine fing an, selbständig zu atmen! Innerhalb weniger Tage wurde sie entlassen und ohne irgendeinen erkennbaren Schaden nach Hause geschickt.

Auf der Titelseite des Las Vegas Review Journal wurden die Oberschwester und der Arzt zitiert, die sagten, das dies ein „Wunder-Baby“ sei. Sie hatten keine medizinische Erklärung dafür, warum sich das Kind erholte. Aus diesem Kind wurde eine normale junge Frau.

Satanisten in Las Vegas

Infiltrationen und Drohungen

Über die Jahre schlichen sich verschiedene Satanisten sowohl in unsere englische als auch in unsere spanischen Gemeinde ein. Manche waren so unverfroren, dass sie vor jedem Gottesdienst kamen, um mit ihrem satanischen Handzeichen Dämonen anzulocken. Sie brachten satanische Bibeln mit. Andere kamen herein und brauchten scheinbar „Hilfe“, waren aber gesandt, um die Zeit aller zu vergeuden. Nach Kurzem waren wir Experten darin, sie zu entdecken. Dann gaben wir einfach ein paar Gebetskämpfern Zeichen, sich hinter so eine Person zu stellen und zu beten. Es dauerte nicht lange, bis sie hinausliefen.

In einem „Psychic Eye”-Buchladen auf der anderen Seite des Parkplatzes vor unserer Gemeinde wurden satanische Sitzungen abgehalten. Möglicherweise schickten sie uns Faxe mit Ziegenköpfen darauf und drohten uns, wir sollten die Gegend verlassen, sonst ... Eines unserer Gebetskämpfer-Ehepaare ging in den Laden und bat Gott, nicht erkannt zu werden. Als die Angestellten mit Kunden beschäftigt waren, schlüpften sie in den Hinterraum des Geschäfts. Dort war ein Altar aufgebaut, und sie zerbrachen die finsteren Mächte dort. Wir gewannen den Sieg durch Gebet und schließlich schloss „Psychic Eye".

Eine dämonisierte Frau

Einmal rief eine Frau bei uns im Büro an und fragte uns, ob wir dämonisierten Menschen halfen oder sie wie die anderen Gemeinden wegsandten. Die Sekretärin fragte Dennis und er bekam sofort ein Wort vom Herrn. „Sag ihr, wir helfen Menschen, aber wir helfen ihnen, wann wir es für richtig halten und wie wir es für richtig halten." Bald danach tauchte die Frau auf. Nach ein paar eigenartigen Eskapaden wurde Dennis schnell herbeigerufen. Die Frau krümmte sich am Boden vor der Toilette, Schaum kam aus ihrem Mund, und einer der Brüder versuchte, die Dämonen auszutreiben. Dennis beauftragte die Sekretärin, den Notruf anzurufen. Er ging hinüber und sagte der Frau, sie solle aufhören, denn sie hätten gerade den Notruf verständigt, damit sie abgeholt würde. Sie hielt plötzlich mitten in ihren Bewegungen inne, schaute zu ihm auf und fragte: „Wer wird dafür bezahlen?"

„Du. Du bist der Dummkopf, der am Boden liegt!"

Sie stand auf, nahm Haltung an, ging zur Tür hinaus und fuhr mit ihrem Auto davon, als gerade ein Feuerwehrauto vorfuhr (in den USA haben alle Feuerwehrmänner auch eine Sanitäterausbildung, Anm. d. Übersetzers). Der Bruder, der versucht hatte, den Dämon auszutreiben, fragte Dennis, ob sie denn keine Dämonen hätte. „Natürlich hat sie welche. Aber als sie anrief, zeigte mir der

Herr, dass sie die Dämonen mag, weil sie durch sie die Aufmerksamkeit von Gemeindeleitern bekommt und ihre Hauptaufgabe wird. Deshalb sagte ich ihr, dass wir Menschen helfen, wann und wie wir es für richtig halten."

Dennis ging hinaus und zeigte dem Feuerwehrmann, dass die Frau gerade wegfuhr. „Haben Sie versucht, Dämonen auszutreiben?" fragte er witzelnd.

„Ich bekam keine Gelegenheit dazu", antwortete Dennis lächelnd.

Eingeschlichen, um zu zerstören

Eine gewisse Zeit lebten Dennis' und meine Eltern mit uns in Las Vegas und genossen eine Zeit der Erneuerung und neuen Ausgießung des Heiligen Geistes in unserer Gemeinde. Bei einem Gottesdienst beobachtete Dennis' Vater alle Menschen, die auf dem Boden lagen und vom Herrn berührt wurden und meinte: „Sie sind alle unter der Kraft des Heiligen Geistes bis auf diese junge Frau" und zeigte auf sie. Es stimmte. Die Manifestationen waren ähnlich, aber sie hatte einen eigenartig starren Blick und plötzlich kam Blut aus ihrem Mund. Nach einer ziemlichen Geduldsprobe mit ihr wurde uns bewusst, dass sie keine Hilfe wollte, sondern da war, um Schaden anzurichten. Also beschlossen wir, sie per Flugzeug dorthin zurückzuschicken, woher sie gekommen war. An ihrem letzten Tag in der Gemeinde erwischte sie jemand dabei, wie sie ihren Arm immer wieder in die Luft stieß und mehrere Geister in das Gebäude rief. Ein Leiter konfrontierte sie lautstark. Da sie sowieso nach Hause gesandt wurde, beschloss sie, die Wahrheit zu sagen. Sie war von einem satanischen Hexensabbat aus Kalifornien gesandt worden, um sich in unsere Gemeinde einzuschleichen und sie zu zerstören. Sie sollte entweder jemanden töten, Streit verursachen oder verführen. Wir waren auf einer Liste von Gemeinden, die eine Bedrohung darstellten und zerstört werden sollten. Sie war in Panik und wiederholte immer wieder: „Sie haben mir nicht genug Zeit gegeben! Sie haben mir nicht genug Zeit gegeben!"

Als wir sie zum Flughafen brachten, um sie nach Hause zu schicken, saß sie im Abflugbereich und begann, mit satanischen Handzeichen Geister anzurufen. Plötzlich kamen aus dem ganzen Warteraum Leute zu ihr, boten ihr Eis an und fragten uns, warum wir sie nach Hause sandten. Die Geister in ihr müssen die Geister in ihnen angezogen haben. Wir warteten dort, bis wir sicher waren, dass sie im Flugzeug war. Preis den Herrn! Wir waren eine Bedrohung für Satan, aber seine Pläne kamen nicht zustande!

Die englischsprachige Gemeinde

Eine 24-Stunden-Stadt beherbergen

Da die Leute in „der Stadt, die niemals schläft" Tag und Nacht in Schichten arbeiten, ist es nicht einfach, Gottesdienstzeiten für alle zu finden. Gemeinden in der Stadt boten verschiedene Termine an, aus denen man auswählen konnte. Die Gottesdienste früh am Morgen wurden speziell für die angeboten, die Nachtschicht gehabt hatten.

Jeder ist willkommen

An einem Sonntag kam eine Frau im Bikini herein! Ein anderes Mal war ein Mann da, der operiert worden war, um eine Frau zu werden. Natürlich liebten wir alle in gleicher Weise, denn sie alle brauchten Jesus.

Eine gesamte Familie wurde errettet, aber sie marschierten immer mit Donuts und Kaffee von unserer Kaffeebar in den Gottesdienst herein, als wäre es eine Show! An einem Sonntag hatten wir eine Taufe und die Mutter fragte, ob sie getauft werden könne. Wir antworteten: „Natürlich!" Nach der Taufe kam sie zu Dennis, weil sie mit ihm reden wollte. Sie erzählte ihm, dass sie sich wegen ihrer Arbeit etwas schlecht fühle und wollte seinen Rat, ob sie ihren Beruf ändern sollte. Er fragte sie, womit sie ihr Geld verdiene und sie antwortete ihm, sie sei eine Nackttänzerin! Dank sei Gott für die Überführung durch den Heiligen Geist.

Viele, die im Kasino arbeiteten, empfanden, dass ihr Arbeitsplatz ihr Missionsfeld war. In Pausen wurden Gebetstreffen und Bibelstudien angeboten. Neue kamen zu den Hauskreisen und wurden errettet und befreit. Manche Gemeinden hatten ihre Gottesdienste zeitweise in Konferenzräumen in Kasinos und Angestellte kamen herein und wurden errettet. Eine von ihnen war eine fünfzig Jahre alte Frau, die später in unsere Gemeinde kam und heute als Missionarin in Afrika arbeitet. Sie führte eine drogenabhängige Prostituierte zum Herrn, die durch Gottes Liebe umfassend verändert wurde. Viele Jahre später ging sie als Missionarin nach Frankreich, gründete unter unserer Abdeckung eine Gemeinde und wurde eine bekannte Fürbitterin in Europa.

Ein Mann wurde in unsere Gemeinde gebracht, der schwer durcheinander war und dachte, er sei Jesus. Wir dienten ihm mit Befreiung und ließen ihn ein Jahr lang in unserem Haus mitleben. Heute ist er ein Co-Pastor in unserem Netzwerk und ein Lobpreisleiter in der Stadt.

Einige Musiker und Tänzerinnen vom Strip (das ist die Straße in

Las Vegas, auf der die meisten Kasinos sind, Anm. d. Übersetzers) wurden errettet und begannen, dem Herr in unserer Gemeinde zu dienen. Ein Schlagzeuger war auch Schlagzeuger bei Wayne Newton. Seine Mutter war in unserem Lobpreisteam. Sie war als Sängerin und Tänzerin am Strip aufgetreten und war mit Bob Hope gereist, der auf Militärstützpunkten Unterhalter war. Sie ist eine treue Frau Gottes, die auch einen Dienst in einem Altenheim hat.

Ein Mann, der am Strip Elvis spielt, kam treu in unsere Gemeinde. Nachdem er die ganze Nacht gearbeitete hatte, erhob er am Sonntag morgen seine Hände im Lobpreis, zahlte seinen Zehnten und ging dann nach Hause, um zu schlafen.

Wir erfuhren, dass in der Stadt, in der die Sünde groß ist, Gottes Gnade noch viel größer ist. In Las Vegas sind Hunderte von christlichen Gemeinden entstanden, um die aufzunehmen, die Hunger nach Gott haben.

Erneuerung in Las Vegas

Durch Toronto beeinflußt

1994 wurden wir durch die Erneuerung der Gemeinde „Airport Christian Fellowship" in Toronto in Kanada beeinflußt. Dennis und sein Bruder David wurden gebeten, zusammen mit anderen Pastoren aus Kalifornien herauszufinden, ob diese Bewegung von Gott war und so gingen sie hin. Schon im ersten Treffen mussten sie sich an ihren Stühlen festhalten, weil sie sich im Heiligen Geist betrunken fühlten. Sie hatten gelernt, die Gegenwart Gottes zu erkennen, sahen sich gegenseitig an und sagten: „Das ist Gott."

Sie sahen die Auswirkungen von Gottes Kraft im Körper von Menschen. Es war so, als würde Elektrizität durch sie fließen, viele wurden geschüttelt, fielen hin oder hatten andere ähnliche Manifestationen. Und sie sahen auch, wie Gottes Kraft innere Veränderung brachte. Ihre Vorstellungen über Gottes Wirken wurden über den Haufen geworfen und sie wurden stark gesegnet.

Der himmlische Vater zeigte seine Liebe in spürbarer Art und Weise, und die Menschen weinten, schüttelten sich und lachten. Gottes schwere Gegenwart wurde ausgegossen und war sehr gut übertragbar. Menschen kamen, um zu empfangen, und nahmen die Salbung mit nach Hause in ihre Gemeinden.

Ausgießung in Las Vegas

Nach seiner Rückkehr nach Las Vegas befand sich Dennis auf dem Weg vom Flughafen zum Gottesdienst der spanischen Gemeinde am Sonntagabend. Da sagte der Herr ihm, er solle während des Lobpreises aufpassen, welche Personen besonders vom Herrn berührt würden, und diese fragen, ob sie mehr von Ihm wollten. Eine der Frauen weinte, während sie Gott anbetete, also rief er sie nach vorne. Er fragte sie, ob sie mehr vom Herrn wolle, und sie antwortete: „Ja!“. Als Dennis für sie betete, fiel sie unter der Kraft Gottes und schüttelte sich und lachte unter der Kraft des Heiligen Geistes. Das dauerte mehrere Stunden und war eine Neuheit in unserer Gemeinde. Dennis kam von der Bühne herunter und deckte sie mit einer Babydecke zu.

Nach einer kurzen Predigt bat Dennis alle, die Hunger nach mehr von Gott hatten, nach vorne zu kommen. Fast die gesamte Gemeinde kam. Die Salbung kam auf alle und sie fielen unter der Kraft Gottes. Einige weinten, andere lachten, einige schüttelten sich, einige wurden wie betrunken und andere lagen einfach da und konnten sich nicht bewegen. Ich selbst fühlte eine schwere Decke des Friedens auf mir liegen und ich weinte, weil ich seine Liebe und Gegenwart so sehr spürte.

Ein Jugendlicher weinte über eine Stunde lang. Sein Vater begann sich Sorgen zu machen und versuchte, ihn durch Schütteln herauszuholen. Er fragte Dennis, was er mit ihm gemacht habe. Dennis antwortete ihm: „Ich habe gar nichts gemacht. Die Kraft Gottes ist auf ihm. Der Herr arbeitet in ihm." So wartete der Vater noch eine Weile. Auf einmal begann der Junge zu lachen und zu lachen, während er weiter unter der Kraft Gottes am Boden lag. Nach ungefähr vier Stunden riet Dennis dem Vater, ihn nach Hause zu tragen und versicherte, dass es ihm am Morgen gutgehen würde.

Kleine Kinder lagen stundenlang unter der Kraft des Geistes. Ein kleiner Fünfjähriger – ein richtiger Lausbub – lag sehr still. Schließlich kam seine Mutter, um nach ihm zu sehen. Er sah auf zu ihr und sagte: „Schau, Mama, ich kann mich nicht bewegen!" Die Gegenwart Gottes war sehr stark.

Zeugnisse

In der nächsten Woche hörten wir die Zeugnisse. Der Vater des Jugendlichen, der geweint und gelacht hatte, erzählte, er hätte nicht gewusst, dass sein Sohn Selbstmord begehen wollte. Als er weinte, heilte Gott in ihm alles, weswegen er sein Leben beenden wollte. Und als er anfing zu lachen, war er völlig frei. Die Mutter des Babys, von der Dennis die Babydecke ausgeliehen hatte, berichtete, dass ihr sechs Monate alter Sohn lachte und lachte, als sie nach Hause kam und ihn mit der Decke zudeckte. Viele wurden von schmerzhaften Ereignissen in ihrem Leben geheilt und alle spürten den Strom der

Liebe des Vaters.

Unsere drei Kinder wurden durch eine persönliche Begegnung mit dem Heiligen Geist so tief berührt, dass es ihr Leben für immer veränderte. Tracie wurde für einige Tage in den Himmel gehoben und bekam Visionen über kommende Ereignisse. Kellys Lieblingsbeschäftigung wurde es, zusammen mit ihren Freunden Fürbitte zu tun. Dabei bekam sie Visionen vom Herrn. Denny weinte und betete in Gottes Gegenwart an und sein Charakter wurde weicher. Alle drei verliebten sich in Jesus wie nie zuvor und ich musste mir von da an keine Gedanken mehr über ihr geistliches Leben machen.

An einem Tag fuhr ich mit dem Auto die Straße entlang und weinte und betete: „Herr, darum hatte ich Dich als Kind gebeten, als ich auf dem Rücksitz des Motorrads meines Vaters saß und betete, mehr von Deiner Gegenwart zu erleben.“ Ich spürte seine Gegenwart sehr stark und liebte ihn wie nie zuvor.

Einige Gemeinden in der Stadt erlebten Erneuerung und wir trafen uns hin und wieder zu gemeinsamen Gottesdiensten, um in dieser großartigen Ausgießung des Geistes erfrischt zu werden.

Harvest International Ministry

Beeinflußt durch eine prophetische Konferenz

1995 fuhren Dennis und ich mit ein paar Freunden nach Pasadena, Kalifornien, wo wir an einer Konferenz in der Harvest Rock Church von Pastor Che Ahn teilnahmen. Es war eine prophetische Konferenz und in einer Zeit des Dienstes an Pastoren sprachen die Propheten über uns aus, dass der Herr uns in eine neue Phase im Dienst führt. Sie sagten, wir seien „schwanger" mit vielen neuen Gemeinden. Wir wussten nicht, dass Gott uns kurz darauf für eine Zeit nach Peru zurückbringen würde. Dort sollten sich unsere zwei Gemeinden zu neun vermehren und später sogar zu achtzig Gemeinden in mehreren Ländern.

Die Werte bringen uns zusammen

Harvest International Ministry (HIM), Che Ahns Netzwerk von Gemeinden, war gerade am Entstehen und so schlossen wir uns an und wurden Teil des apostolischen Teams zusammen mit Che Ahn, Lou Engle, Rick Wright und später auch Jim Goll, Jill Austin und anderen. Es ist ein Netzwerk von Netzwerken um die ganze Welt, und wir hatten ein Netzwerk von Gemeinden hauptsächlich in Südamerika. Uns gefielen besonders die Werte von H.I.M.: Erneuerung, das Prophetische, Zerbrochenheit (sich demütig Gottes Handeln unterordnen), Gemeindegründungen und später Gebet, Evangelisation durch Heilungen und Barmherzigkeitsdienste. Uns berührte besonders, dass Che Ahn in einem Treffen demütig über Gottes Handeln in seinem Leben und seiner Familie redete. Da Dennis gerne über die Kraft des Zerbruchs und über „Gottes Stimme hören" predigte, brachte uns das zusammen.

Gemeindegründungen in Peru und Brasilien

Übergabe der spanischen Gemeinde

Nachdem wir sieben Jahre lang die Pastoren der spanischen Gemeinde gewesen waren, empfanden wir vom Herrn, dass wir sie an unseren Co-Pastor übergeben sollte. Dennis spürte, dass dieser mehr Herausforderung im Dienst brauchte. Wir unternahmen eine zweimonatige Reise quer durch die Vereinigten Staaten und sogar Mexiko und fragten Gott, ob wir irgendwo anders eine Gemeinde aufbauen sollten. An jedem Ort, an dem wir Gott fragten, sagte er: „Nein“. Wir kamen zurück nach Las Vegas ohne Klarheit für unseren Dienst bekommen zu haben. Wir setzten uns in die Küche und unterhielten uns und hatten plötzlich das Empfinden, als ob Gott sagte: „Geht für ein Jahr zurück nach Peru.”

Für ein Jahr zurück nach Peru

1996 zogen wir für ein Jahr zurück nach Peru. Unsere beiden Jüngsten waren nun Jugendliche und hatten noch nie die Vereinigten Staaten verlassen. Es war für sie nicht einfach, ihre Freunde zurückzulassen, aber der Herr gab uns allen für dieses Jahr Gnade. Denny und Kelly lernten schnell spanisch, kamen in Kontakt mit der Jugend und waren im Lobpreisteam unserer Gemeinde in Huanuco, in der Edgar Iturri Pastor war. Tracie, unsere Älteste, die schon spanisch konnte, wurde die Sekretärin von Robert Barriger, einem Missionar und befreundeten Pastor in Lima. Sie machte Führungen für ausländische Missionsgruppen und moderierte für einige Zeit ein Fernsehprogramm, das wie christliches MTV für Jugendliche war. Sie sang bei Konzerten einschließlich einer Jugendkonferenz mit Billy Graham. Es war für uns alle ein Jahr voller Herausforderungen und Dienst.

Unsere Kinder Denny, Tracy, Kelly und Ruben, ein peruanischer Freund, leiten den Lobpreis in Peru.

Brasilien öffnet sich

In diesem Jahr erhielten wir einen Anruf aus Brasilien. Zu einem früheren Zeitpunkt war ein Mann in Las Vegas vorbeigekommen, um mit Dennis zu sprechen. Er hatte in Brasilien eine Gemeinde gründen wollen und so hatte ihm Dennis Lehre und Anweisungen gegeben, wie er beginnen sollte. Nun war es ein Jahr später, ihre Gemeinde war auf über hundert Leute angewachsen und sie brauchten Hilfe. Also machte Dennis von unserem momentanen Wohnort Peru aus eine Reise nach Brasilien und lehrte die Gemeinde und Leiterschaft. Wir besuchten sie weiterhin regelmäßig und aus dieser

Gemeinde entstand bald ein Netzwerk aus zehn Gemeinden in verschiedenen Städten.

Bibelschule und Gemeindegründungen

Während unseres Aufenthaltes in Peru taten wir etwas Neues. Wir eröffneten ein Bibelhaus, in dem wir Leiter für Gemeindegründung ausbildeten. Wir mieteten ein Haus an, bauten Stockbetten, und dann zogen ungefähr ein Dutzend junge unverheiratete Erwachsene mit Pastor Edgar und seiner Familie ein und das Training begann. Die Gemeinde vor Ort sorgte für das Essen im Haus. Die Studenten bekamen Bibellehre und lernten, in den Gaben des Geistes zu dienen. Sie bekamen durch einen straffen Zeitplan Charakterschulung und wurden die freiwillige Einsatztruppe für den Pastor. Er sandte sie ins Krankenhaus, um für Kranke zu beten, sie leiteten Hauskreise und dienten den Menschen, die im Gottesdienst für Gebet nach vorne kamen.

Aussendung der ersten peruanischen Gemeindegründer. Sie wurden im Bibelhaus ausgebildet.

Nach einigen Monaten fragten wir Leute in der Gemeinde, ob sie Verwandte in anderen Städten hätten, die bereit wären, Missionare in ihrem Haus aufzunehmen, damit diese eine Gemeinde aufbauen könnten. Wir bekamen eine Liste mit Städten und sandten die Studenten jeweils zu zweit aus und innerhalb eines Jahres wurden aus zwei Gemeinden neun. Innerhalb von ein paar Jahren wurden es über fünfzig Gemeinden in Peru.

Gegen Ende des Jahres bekamen wir einen Anruf von Dennis' Bruder David Walker, der Pastor der Gemeinde in Las Vegas war. Er bat Dennis zurückzukommen und Hauptpastor der englischen Gemeinde zu werden. Gott führte David in eine andere Gegend, um dort Gemeinde zu gründen.

Nach Las Vegas zurückgerufen

Das „organische" Wesen unseres Dienstes

Dennis und ich schauten auf das zurück, was Gott in den vergangenen fünfzehn Jahren getan hatte. Es hatte so viele Veränderungen gegeben. Nie hätten wir es für möglich gehalten, die Hauptpastoren in der englischsprachigen Gemeinde in Las Vegas zu werden, zu der wir Jahre zuvor gekommen waren! Auch wenn wir schon vor unserer Ankunft als Prediger und Missionare gedient hatten, waren wir nicht bekannt gewesen, als wir 1985 ankamen, und hatten einfach gedient. Dennis begann als Reparateur der Gemeinde, betete dann für Menschen, wurde Hauskreisleiter und dann Ältester. 1989 wurden wir die Hauptpastoren der spanischen Gemeinde, die wir gegründet hatten, und zu der Zeit hatte Dennis in fast jedem Bereich der englischen Gemeinde gedient. Für einige Zeit leitete er den Lobpreis und ich spielte Klavier bis zu sieben Mal pro Woche in beiden Gemeinden und diente in Frauen- und Kinderdiensten auf spanisch. 1997 wurden wir nun gebeten, nach Las Vegas zurückzukehren und die Hauptpastoren der „Muttergemeinde" zu werden. Wir blieben verbunden mit Jesus, dem Weinstock, und so hatte sich unser Dienst in Richtungen ausgedehnt, die wir uns nicht vorgestellt hatten.

Wir gingen zurück nach Las Vegas und wurden die Pastoren der Gemeinde.

Dennis empfand, dass er alles „umpflanzen" sollte, und bat alle Leiter zurückzutreten, aber ihre Funktionen in ihrem Dienstbereich weiter auszuüben. Wir ernannten die neu, die ihre Aufgabe ausfüllten, und jene, die nur einen Titel hatten, ermutigten wir, sich eine Aufgabe zu suchen. Wir glaubten, dass es gut war, eine „Barnabasvision" zu haben. Das hieß, an den Fehlern der Menschen vorbeizusehen und ihr Potential in Christus zu erkennen, so wie Barnabas an „Saulus" vorbeiblickte und „Paulus" sah. Nach kurzer Zeit übergaben wir einigen Leuten Dienste. Dennis fing an, über das „organische" Wesen der Gemeinde zu predigen, bei der jeder an den Weinstock angeschlossen ist und von Jesus hört, wodurch sich die Gemeinde selbst organisiert. Sie soll so wie ein Körper sein, der normal funktioniert, wenn er den Anweisungen des Gehirns folgt. Wir lösten alle Dienstbereiche der Gemeinde auf und baten alle vom Herrn zu hören, in welchem Bereich sie dienen sollten. Zugegeben, einige Bereiche wurden nicht sofort voll besetzt, aber die Menschen wurden reifer und hörten vom Herrn. Es war großartig, das Wirken des Heiligen Geistes in den verschiedenen Bereichen beobachten zu können, auch bei den Kindern. Als der Heilige Geist fiel, legten sie ihre Hände auf eine Landkarte und beteten für andere. Sie beteten auch prophetisch füreinander. Auch sie verbanden sich mit dem

Haupt Jesus!

Fürbittegebet

Die Last des Herrn

Als Dennis Pastor in der englischen Gemeinde wurde, betete ich, ob ich zurück in das Musikteam oder in den Kinderdienst gehen sollte, aber der Herr sagte mir, ich solle einfach beten. Als ich eine Vision von Menschen in Las Vegas sah, die in die Hölle glitten, spürte ich die Last des Herrn, musste weinen und betete für ihre Seelen.

Verschiedene Ausdrucksweisen

Ich begann die Frauen der Gemeinde in Gebet und Fürbitte zu leiten. Wöchentlich hielt ich eine Bibellehre und dann teilten wir uns in vier Gruppen auf und beteten. Die Gruppen bildeten sich zunehmend nach Persönlichkeit, denn jede Gruppe wählte eine bestimmte Form des Gebets. Wir hatten die „Auf den Herrn warten"-Gruppe, die „Rufen und befehlen"-Gruppe, die „Weinen und Fürbitte tun"-Gruppe und die „Prophetisch deklarieren und handeln"-Gruppe. Wenn eine neue Person dazu kam, forderte ich sie auf, sich die Gruppe auszusuchen, bei der sie sich am wohlsten fühlte. Es war toll, diese Ausdrucksvielfalt und gleichzeitig die Einheit im Geist zu beobachten. Wir brachen im Geist durch für unsere Stadt, unseren Bundesstaat, die Nation und für die Welt.

Nevada für den Herrn beanspruchen

Nach kurzer Zeit wurde ich im United States Strategic Prayer Network, einer landesweiten Gebetsinitiative, die Gebetskoordinatorin für den Bundesstaat Nevada. 1999 steckten wir an einem Tag die Grenzen des ganzen Bundesstaates Nevada mit Gebet ab. Zur gleichen Zeit schlugen wir an den Straßen, die in unseren Staat führten, Holzpflöcke mit Bibelstellen in den Boden. Wir proklamierten, dass der gesamte Staat dem Herrn gehört. Zur gleichen Zeit änderte sich das Wetter im ganzen Bundesstaat. Sogar im Wetterbericht in den Abendnachrichten wurde gesagt, dass der Tag ruhig begonnen hatte und dass plötzlich ein starker Wind aufgekommen war. Es war ein Zeichen für das, was im geistlichen Raum passierte. Ein Mann sah eine Heerschar von Engeln ankommen.

Jede Woche marschierten wir betend durch die Straßen, zu den Kasinos und zu den Unternehmen. Wir beteten auf sieben Bergen, von denen aus man Las Vegas überblicken kann, und taten Buße für Sünden der Gemeinde und der Stadt. Wir proklamierten die Einheit des Leibes Christi, indem wir Pastoren aus verschiedenen Gemeinden einluden, die abwechselnd das Abendmahl auf den Berggipfeln austeilten. Es kamen unabhängige geisterfüllte Pastoren bis hin zu anglikanischen Pastoren. Jeder hatte seinen eigenen Stil und wir entschieden, uns auf der Grundlage von Christi Blut zu vereinen. Dann beteten wir und prophezeiten über die Stadt.

Satanische Altäre niederreißen

Eines Tages sagte der Herr zu Dennis, er solle zum Beten auf einen bestimmten Berg klettern. Er schob es etwas vor sich her, bis es in ihm dringlicher wurde. Dann stand er an einem Samstag auf, fuhr so weit es ging und kletterte dann hinauf an den Ort, den ihm der Herr gezeigt hatte. Oben angekommen entdeckte er eine Senkung im Boden und eine eigenartige Szene: Ein großer aufrecht stehender Stein war von einem Kreis aus dreizehn Steinen umgeben. Rundherum gab es noch einen größeren Kreis aus Steinen.

Er probierte sein Handy aus, das erstaunlicherweise funktionierte, und rief einen Bruder an, der früher in Satanismus aktiv gewesen war, und beschrieb ihm den Anblick. Er erklärte ihm, das dies satanische Hexensabbate in der Stadt repräsentierte und das dies ein Tempelplatz war. Der große Stein in der Mitte repräsentierte ein dämonisches Wesen, das über die Stadt eine geistliche Festung brachte. Sie beteten zusammen und zerbrachen die geistlichen Mächte, die an diesem Ort repräsentiert waren. Nach dem Telefonat fühlte sich Dennis geführt, den Altar Stein für Stein vollständig abzureißen. Als letztes nahm er den Stein aus der Mitte und warf ihn den Berg hinunter, um ihn in Stücke zu zerbrechen. Er hob ihn hoch, warf ihn hinunter und als er aufschlug, war eine laute Explosion über das Tal hinweg zu hören. Er war ziemlich erstaunt, bis er in der Ferne eine Mine entdeckte, wo gerade gesprengt worden war. Der Herr erklärte ihm, dass das für ihn ein Zeichen für die Auswirkungen im geistlichen Raum war.

Verschiedene Leute in meinem Gebetsteam wurden vom Herrn geführt und entdeckten sieben satanische Altäre, wo Hexensabbate Dunkelheit und Flüche über der Stadt ausgerufen hatten. Wir rissen sie nieder, Stein für Stein, und zerbrachen die Flüche. An einer Stelle fanden wir sogar ein Opfermesser, wo Blut vergossen worden war. An zwei anderen Orten lagen die Steine in Form eines großen zerbrochenen Kreuzes (das „Peace-Zeichen“), das sie verwenden, um mit Haaren, Hausnummern, Stoff usw. Flüche zu schicken. Wir revidierten die Flüche und proklamierten Gottes Segen über der

Stadt.

Wir waren in diesen Situationen geschützt, weil wir aus der hohen und nicht aus der tiefen Position angriffen. Mit anderen Worten, wir taten nur das, was wir von Gott hörten. Aus seiner Position heraus sind wir geschützt. Wenn wir etwas tun, nur weil es eine gute Idee zu sein scheint oder weil jemand anderes es so gemacht hat, dann bewegen wir uns außerhalb von Gottes Autorität und Schutz. Man kann es auch noch anders ausdrücken: Man muss die Position im dritten Himmel einnehmen, um die Fürstentümer im zweiten Himmel zu bekämpfen.

Nachbarschaften verändern sich durch Gebet

Einmal ging Susana, eine Fürbitterin in meinem Leitungsteam, in einen Stadtteil mit einer hohen Mordrate, die viel mit Banden und Drogen zu tun hatte. Sie bat die Polizei um eine Liste aller Orte, wo die Morde stattgefunden hatten. Dann leitete sie ein Team, das an jedem dieser Orte betete, Gott für das Blutvergießen um Vergebung bat und betete, dass das Blut Jesu all diese Orte bedeckte.

Eine Woche später kam die Polizei aus diesem Stadtteil zu ihr und wollte wissen: „Was haben Sie gemacht?" Sie erklärte, dass sie gebetet hatten. „Seit Sie gebetet haben, ist eine Woche lang kein Verbrechen in diesem Stadtteil begangen worden! Wollen Sie eine Liste mit noch mehr Orten?", fragte der Mann. Die Atmosphäre in einem Stadtteil war dabei sich zu verändern!

Gebet führt zu Evangelisation

Es dauerte nicht lange und wir fügten zum Gebet am Samstagmorgen Evangelisation am Nachmittag hinzu. Wir klopften in der Nähe unserer Gemeinde an viele Wohnungstüren und fragten die Menschen, ob sie Gebet für etwas brauchten. Ich war erstaunt, wie viele positiv reagierten. Wenn wir Offenheit spürten, redeten wir mit Leuten über den Herrn. Lateinamerikaner waren besonders offen und ich war erstaunt, wie viele ich zum Herrn führen konnte. Einmal dachte ich mir, dass es einfach zu leicht ging und ich fragte mich, ob die Menschen das wirklich aus ehrlichem Herzen taten. Ich sprach mit einem älteren Mann über den Herrn, aber anstatt ihn das Gebet des Sünders beten zu lassen, lud ich ihn zu unserem spanischen Gottesdienst ein. Nachdem ich weggegangen war, fühlte ich mich überführt: Ich hätte ihn in einem Übergabegebet leiten sollen und es dem Heiligen Geist überlassen sollen, sich um die Ernsthaftigkeit seines Herzens zu kümmern. So betete ich besonders für ihn und bat den Herrn, er möge ihn bitte in die Gemeinde bringen, damit er noch eine Chance bekäme, sein Leben dem Herrn zu geben. Er kam zum nächsten Gottesdienst und empfing Jesus als seinen Retter!

Einmal backte ich zu Ostern 22 kleine Bananenbrote und verteilte sie mit einem Beiblatt über die Botschaft der Errettung an unsere Nachbarn und wünschte ihnen Frohe Ostern. Bei einer anderen Gelegenheit ging ich mit einem Notizblock zu all unseren Nachbarn und bat sie um ihre Gebetsanliegen. Ich hatte den Wunsch, Samen zur Errettung auf verschiedene experimentelle Art auszusäen.

Mit der Zeit lernten wir, nicht nur an Türen zu klopfen, sondern nach Möglichkeiten auszuschauen, wo auch immer wir hingingen und auf Gott zu hören, wenn wir mit den Leuten redeten. Als eine

Kassiererin über ein schmerzendes Handgelenk klagte, bot ich ihr an, für sie zu beten. Ich durfte gleich für sie beten, obwohl jemand hinter mir in der Schlange wartete! Nach dem Gebet dankte sie mir und sagte, dass sie schon spüre, wie der Schmerz weniger würde.

Als eine Nachbarin vorbeikam und ihre verlorene Katze suchte, nutzte ich die Gelegenheit und betete, dass ihre Katze zurückkäme. Sie kam eine Woche später vorbei und erzählte mir glücklich, dass ihre Katze wieder aufgetaucht sei und dass sie all ihren Nachbarn von dem Gebet erzählt hatte.

Prophetische Evangelisation

An einem Nachmittag gingen wir mit einigen Familienmitgliedern, unter anderen auch meinem Schwager Jim Drown, zu Starbucks zum Kaffeetrinken. Er bot an, für die ganze Gruppe zu bezahlen. Als er das sagte, kam eine Frau herein und er meinte: „Ich zahle auch für Sie". Sie lehnte lautstark ab, aber er bestand darauf und gewann schließlich. Während wir anderen uns einen Platz suchten, warteten Jim und die Frau auf den Kaffee. Er fing eine freundliche Unterhaltung mit ihr an. Dann erhielt er ein Wort der Erkenntnis. Er sagte: „Gott will, dass Sie das Buch fertig schreiben, mit dem Sie begonnen haben."

„Woher wissen Sie, dass ich ein Buch schreibe?", fragte sie ungläubig.

„Gott hat es mir gesagt", antwortete er.

„Ich bin Agnostikerin. Ich glaube nicht an Gott."

„Das ist schon in Ordnung. Er glaubt an Sie." Dann unterhielt er sich weiter mit ihr und meinte plötzlich: „Und der Herr möchte die Taubheit in Ihrem linken Ohr heilen."

„Sie machen mir echt Angst! Woher wissen Sie das?"

„Gott hat es mir gesagt. Und ich sehe, dass Sie bereit sind, Jesus als ihren Erretter anzunehmen. Würden Sie meine Hand nehmen und mir dieses Gebet nachsprechen?"

„Ich kann nicht, ich bin Agnostikerin."

„Nein, Sie waren Agnostikerin, aber nun haben Sie einen Beweis von der Existenz Gottes bekommen und sie wissen, dass er real ist." Er versuchte weiter sie zu überzeugen: „Kommen Sie, Sie schaffen das."

„Sie sind die dritte Person, die diese Woche mit mir über Jesus redet", sagte sie. Schließlich nahm sie seine Hand und betete mit ihm, um Jesus als ihren Retter anzunehmen. Jim brachte sie an unseren Tisch und sagte: „Darf ich Euch eine neue Schwester in Christus vorstellen?" Sie wollte wissen, wie wir Dinge über Leute wissen konnten und Dennis erklärte ihr, dass wir geistliche Sinne bekommen, wenn wir wiedergeboren sind und von Gott hören können. Plötzlich fragte er: „Darf ich für Ihre Knie beten? Gott möchte Ihre Knie heilen."

„Sie machen mir wirklich Angst. Wie können Sie darüber wissen? Sehen Sie etwas auf meinen Knien?"

„Nein, ich fühle einfach, dass Gott mir das gesagt hat."

„Ich ging früher Fallschirmspringen und landete einige Male falsch, wodurch ich mir echt meine Knie kaputt gemacht habe. In Ordnung, Sie können für mich beten, aber fassen Sie mich nicht an, denn das ist mir alles noch so neu." Er war mit ihrem Vorschlag einverstanden und versicherte ihr, dass er sie nicht anfassen müsse. Als er dann für sie betete, verschwanden die Schmerzen in ihren Knien und sie war geheilt!

Dann sagte sie: „Vielleicht brauchte ich diesen Beweis von Gottes Realität an meinem Körper, damit ich sicher weiß, dass ich mir das alles nicht nur eingebildet habe.“

Sie wollte wiederholt gehen, kam aber immer wieder zurück, weil sie von all dem so überwältigt war. Schließlich meinte meine Tochter Tracie zu ihr: „Ich höre immer wieder die Worte „manos de ayuda“, was „helfende Hände“ auf spanisch heißt. Ich sehe, wie Gott Ihre Hände gebraucht, um anderen zu helfen.“

Die Frau schüttelte erstaunt ihren Kopf. „Helfende Hände ist der Name meines Unternehmens! Wir vermitteln spanischsprechenden Frauen Arbeit!“

Inzwischen war die Frau völlig überwältigt. Das war Evangelisation, bei der wir auf Gott hörten und dadurch alle anderen Philosophien und Widerstände niederrissen. Jesus sagte, dass er Wunder tat, „damit die Menschen sich wunderten“. Dennis hat gepredigt: Wenn Menschen sich wundern oder „ausflippen“, ist das ein Zeichen dafür, dass ihre Philosophien, Weltanschauungen und Meinungen durch die Offenbarung Jesu zerbröckeln.

Las Vegas – Startrampe für einen weltweiten Dienst

Erweiterte Vision

Las Vegas wurde für uns zur Startrampe in die Nationen. Wir hatte uns gegen die Vorstellung gewehrt, über die spanischsprechende Welt hinauszugehen, bis uns Vangie Abalos, eine unserer treuen Leiterinnen, mitteilte, dass Gott sie nach Paris schicke, um für Frankreich zu beten. Sie tat das und begann einen erfolgreichen Dienst an Frauen. Später gründete sie eine Gemeinde. Sie wurde bald Fürbitteleiterin in einem Gemeindenetzwerk in Europa, wodurch wir offene Türen hatten und in sechs Ländern dienen konnten. So kamen wir nach Europa.

Zur gleichen Zeit sagte mir Dennis in Las Vegas, dass er ungefähr fünf Jahre die englische Gemeinde als Pastor leiten und sie dann übergeben wolle. Es dauerte dann sechs Jahre, bis wir die Umstellung vollzogen hatten und apostolische Berater für ein Netzwerk von durch uns gegründete Gemeinden wurden. Die Umstellung in mehrere Gemeindegruppen war nicht ganz einfach, weil es zwischen ein paar Leitern Missverständnisse gab. Aber wir entschieden uns, jeden in seine Berufung in Gottes Königreich freizusetzen. Einige blieben bei uns und andere wurden Teil von anderen großartigen Netzwerken. Am Ende hatten wir in Las Vegas die Aufsicht über mehrere Dienste in drei Sprachen und kamen in den vollzeitlichen Dienst weltweit. Es öffneten sich Türen in Teilen der Welt, auf die wir nie gekommen wären: Malaysia, Kenia, Italien, Österreich, Deutschland, Großbritannien, Schweiz, Kanada und weitere Orte in den Vereinigten Staaten. Gott hatte wirklich unsere Vision erweitert. Jahre zuvor hatten wir angenommen, wir würden den Rest unseres Lebens tief im peruanischen Dschungel leben. Gott gebrauchte Entmutigungen, Krankheit und Zerbruch, um uns aus unserer begrenzten Vision herauszuholen und nun sahen wir Gottes größeren Plan für unser Leben.

Im Dienst gestreckt

Wenn mir jemand vor Jahren gesagt hätte, dass ich einmal vor großen Menschenmengen sprechen würde, hätte ich diese Person für verrückt erklärt. Ich wuchs als eine sehr schüchterne und ängstliche Person auf und war zufrieden mit stiller, täglicher Routine. Aber das Leben auf dem Missionsfeld und die Tatsache, dass ich mit einem von Gott berufenen Mann verheiratet bin, der es liebt, „an vorderster Front zu sein", haben mich gestreckt und aus meiner Komfortzone herausgeholt. Ich bin besonders dankbar für unsere erste spanische Gemeinde in Las Vegas, die mir Freiraum gegeben hat zu wachsen.

Lynnie spricht in Peru.

Am Anfang las ich nervös meine Lehren vor und lernte, mit ein paar herrischen Leuten umzugehen, die mich zu verdrängen versuchten. Ich wuchs weiter, bis ich bei Frauenkonferenzen in Peru, Mexiko, Kuba und den Vereinigten Staaten und auf verschiedenen Konferenzen mit Dennis zusammen sprach. In mir wuchs die Leidenschaft für den Dienst, weil ich sah, wie das Leben von Menschen auf der ganzen Welt verändert wurde.

Errettung im Flugzeug

Ich liebte es, immer wieder zu erleben, wie das Leben von Einzelnen verändert wurde. Als wir einmal bei Nacht von Las Vegas nach Peru flogen, saß ich neben einer peruanischen Frau, der es offensichtlich nicht gut ging. Das Flugzeug geriet in starke Turbulenzen und bewegte sich ziemlich stark auf und ab. Die arme Frau krallte sich am Sitz fest und machte wiederholt Kreuzzeichen. Ich wusste, dass sie panische Angst hatte.

„Möchten Sie, dass ich für Sie bete, damit Sie nicht mehr so Angst haben?“, fragte ich sie auf Spanisch.

„Sí“ antwortete sie. Also betete ich für sie, aber sie zeigte immer noch die gleichen Symptome und es bildeten sich Schweißtropfen auf ihrer Stirn. Schließlich sagte ich zu ihr: „Das Problem besteht darin, dass wir zu einem Gott beten, der von ihnen weit entfernt ist. Sie müssen den Geist Jesu bitten, in Ihnen zu leben, und dann kann der Friede von innen kommen. Möchten Sie mir nachbeten, um Ihn in Ihr Herz einzuladen?“

Sie nickte. Hauptsache, es half! Also leitete ich sie im Gebet des Sünders und sie nahm Jesus als ihren Retter an. Friede kam über sie und sie entspannte sich. Sie schlief ein und wachte während des gesamten unruhigen Fluges nicht mehr auf! Sie war jetzt vom Friede Gottes bestimmt.

Ein Medizinmann wird konfrontiert und die Blinden sehen

Als Dennis und ein paar von unserem Team in Tingo Maria in Peru auf der Fahrt zu einem Treffen waren, sahen sie einen „brujo", um den sich Menschen scharten. Er verkaufte „Schlangenöl" und praktizierte Magie durch Hexerei. Dennis und die zwei anderen stellten sich um die Menge und begannen still in Sprachen zu beten und banden den Feind.

Auf einmal verlor der Mann die Beherrschung und bellte mitten in seiner Rede Worte wie „verschwindet" und erschreckte damit die Menschen. Der Medizinmann hatte zwei kleine Jungen bei sich, die ihm halfen. Dennis empfand, dass die dämonische Macht des Mannes über die Leute brechen würde, wenn er nur einige der Gegenstände berühren könnte, die der Mann verwendete. Also bat er die Jungen, ihm die Gegenstände zu geben, die sie den Menschen herumreichten. Aber der Mann wurde so nervös, dass er alles an sich riss und rief: „Fassen Sie die Dinge nicht an!" Er nahm eine Machete in die Hand und fuchtelte damit bedrohlich in der Luft herum. Also legte Dennis einem der Jungen die Hand auf und betete für ihn. Das regte den Mann so sehr auf, dass er wild seine Sachen zusammenpackte. Zum Schluss zeigte er auf Dennis und die beiden anderen und rief: „Das sind Spione vom CIA." Dann schnappte er die Jungen und rannte davon.

Dennis schritt nach vorne und rief in die Menge: „Ja, wir sind Spione, aber nicht vom CIA. Wir spionieren die aus, die versuchen, Sie mit der Macht Satans zu täuschen. Und wir sind hier, um Ihnen den Weg zur Wahrheit zu zeigen." Sie predigten das Evangelium und die Menschen stellten sich in einer Schlange an, um errettet zu werden oder Heilung zu bekommen.

Ein blinder Mann bat um Gebet. Dennis betete einmal für ihn und er konnte Licht sehen. Dann betete er noch einmal und er konnte Schatten erkennen. Als er noch einmal betete, war er vollständig geheilt und sah klar! Danach musste Dennis zum Abendgottesdienst in der Gemeinde laufen.

Die Nachricht über dieses Ereignis breitete sich schnell aus. Das Team wurde auf der Straße angehalten und gebeten, für einen kranken geliebten Menschen zu beten, oder sie brachten die Kranken zu ihnen. Der Herr wirkte mächtig und viele in der Stadt wurden gerettet und geheilt.

Eine Quechua-Frau wird errettet

Nach einer Evangelisation, bei der ungefähr tausend Menschen errettet wurden, saßen wir am Flughafen 4000m hoch in den Anden wegen schlechten Wetters fest. Obwohl wir schreckliche Kopfschmerzen und kalte Hände und Füße wegen der Höhe und der Kälte hatten, begann ich eine Unterhaltung mit einer Bergfrau mit Inka-Vorfahren, die Quechua und Spanisch sprach. Sie war eine gelernte Hebamme und half bei Geburten überall im Bergland. Ich war fasziniert von all ihren wunderbaren Geschichten. Mir war aufgefallen, dass sie eine hingegebene Katholikin war, weil sie zuvor durch ihre Gebetsperlen gebetet hatte. Aber ich wusste auch, dass sie eine persönliche Erfahrung der Errettung brauchte und betete um eine Gelegenheit.

„Gott gebraucht Sie wirklich, um so vielen Menschen in dieser Gegend zu helfen“, meinte ich.

„Nun, das Leben ist kurz und solange wir hier sind, müssen wir gute Werke tun“, erklärte sie.

Das war mein Einstieg!

„Wussten Sie, dass Sie das ewige Leben als freies Geschenk bekommen können? Haben Sie schon einmal den Geist Jesu eingeladen, in Ihnen zu leben, sodass Sie für immer im Himmel leben können, wenn Ihr Körper stirbt? Sein Geist in Ihnen kann Sie auch in diesem Leben führen und leiten bei all den Entscheidungen, die Sie zu treffen haben."

„Nein, keiner der Priester hat mir bisher dieses Gebet beigebracht", antwortete sie ernsthaft.

„Möchten Sie es gerne jetzt sprechen, indem Sie mir nachbeten?"

„Ja!"

Eine junge Frau neben uns hatte zugehört und auch ein Mädchen auf der anderen Seite. Sie fragten, ob sie auch mitbeten dürften. Also leitete ich sie alle in einem Gebet, in dem sie Christus annahmen und Ihn baten, sie mit Seinem Geist zu erfüllen und ihr Leben zu führen.

„Wow, mir wird innen ganz warm, es fühlt sich gut an", sagte die zweite junge Frau und rieb sich die Gänsehaut auf ihren Armen. Als ich mich nach ihrer Großmutter erkundigte, die ein bisschen weiter weg saß, bat sie mich, auch sie bitte in dem Gebet zu leiten. Nachdem ich kurz mit der Großmutter geredet hatte, nahm auch sie Christus an.

Eine russische Frau nimmt Christus an

Auf dem gleichen Flughafen in Peru unterhielt ich mich mit einer blonden russischen Frau. Sie hatte einen peruanischen Beamten geheiratet und sprach nur russisch und spanisch. Also fragte ich sie auf spanisch, was sie über Gott glaube. Sie erklärte mir, dieses Thema sei in ihrem Land so lange verboten gewesen, dass sie nicht viel von Gott verstehe. Ich erklärte ihr die ganze Botschaft von Gottes Liebe und wie Jesus Christus dafür gesorgt hatte, dass wir von unsere Sünden gereinigt werden können.

Zum Schluss fragte ich sie einfach: „Möchten Sie beten und Jesus in Ihr Leben einladen, damit Sie gereinigt werden können, ewig leben, und in diesem Leben von Ihm geführt werden?"

„Sie meinen jetzt sofort?", fragte sie ungläubig, weil sie vielleicht dachte, das müsste an einem „heiligen Ort" geschehen.

„Ja", antwortete ich lächelnd.

„Sie meinen mit Ihnen?", fragte sie wieder und dachte wahrscheinlich, dass das mit einem „heiligen Mann" geschehen sollte.

„Ja", erwiderte ich ganz sachlich.

„Gerne." Sie zuckte mit den Schulten und grinste und wir setzten uns zusammen hin.

Sie betete mir nach und nahm Jesus dort als ihren Retter an. Ich war erstaunt, dass in ihrem Verstand praktisch keine Barriere vorhanden war, Jesus anzunehmen, obwohl sie in einem atheistischen Land aufgewachsen war. Ich ermutigte sie, in der Bibel zu lesen, und eines unserer Teammitglieder gab ihr seine spanische Bibel.

Sehen, was der Vater im Himmel tut

Dennis begann, überall darüber zu lehren, die Menschen zu heilen, so wie es Jesus getan hatte. „Ich tue nur, was ich den Vater im Himmel tun sehe." In Philipper 2 lesen wir, dass Jesus eine Zeit lang seine göttlichen Eigenschaften abgelegt hatte und als Mensch unter der Führung des Heiligen Geistes Kranke heilte. Wir sollen es genauso tun. Wir schauen in den Himmel, sehen, was der Vater tut, und kopieren es hier auf der Erde.

In Mexiko vom grauen Star geheilt

Bei einem Gottesdienst in Mexiko kam eine Frau mit dicken Brillengläsern nach vorne, weil sie in beiden Augen grauen Star hatte. Dennis ging einen Schritt zurück, schloss seine Augen, blickte in den Himmel und sah ein Bild, wie Jesus mit seinen Daumen in streichender Bewegung über ihre Augen ging. Er dachte bei sich: „Ja! Das kann ich, Herr!“ Er machte wieder einen Schritt auf sie zu, bat sie, ihre Brille abzunehmen, und strich mit seinen Daumen über ihre Augen. Dann sagte er: „Öffnen Sie Ihre Augen!“ Sie tat es und fing an zu schreien, wedelte mit ihrer Brille in der Luft und sagte: „Die brauche ich nicht mehr!“ Ihre Augen waren völlig von dem milchigen Schleier befreit und sie konnte klar sehen!

Vergebung, der Schlüssel zur Heilung

Das stärkte den Glauben bei den Menschen, die zum Gebet nach vorne gekommen waren. Die nächste Frau kam nach vorne für Heilung von schrecklichen Schmerzen in ihrem Kopf, Nacken und Rücken und hatte die Erwartung, ein genauso schnelles Ergebnis zu sehen. Als sie auf Dennis zukam, sprach der Herr zu ihm: „Sie muss ihrem Ehemann vergeben.“ Also fragte er sie: „Was hat Ihr Ehemann getan, wofür Sie ihm vergeben müssen?“

Sie fasste sich an den Kopf, weil durch dämonischen Einfluss Schmerzen über sie kamen, und rief: „Oh, mein Kopf, mein Kopf!“ und bedeckte ihr Gesicht. Dennis zog schließlich ihre Hände auseinander und sagte zu ihr: „Wenn Sie nicht mit mir zusammenarbeiten, muss ich Sie so lassen, wie Sie sind. Was hat Ihr Mann getan?“ Mit Schwierigkeiten brachte sie hervor, dass ihr Mann sie verlassen hatte, als die Kinder noch klein waren, wodurch sie in finanzielle

Nöte geraten war.

„Sind Sie bereit, ihm zu vergeben?“

„Ja.“ So ließ er sie ihre Hände vor sich zu einer kleinen Schüssel formen. Dann machte er eine symbolische Bewegung, bei der er den Ehemann aus ihrem Herzen zog und in ihre Hände legte. Dann zog er unter der Führung des Herrn Verlassenheit, Missbrauch, finanzielles Versagen und andere Bereiche aus ihrem Herzen und legte sie in ihre Hände.

„Nun sind sie in Ihren Händen und in Ihrer Gewalt. Sind Sie bereit, diese Dinge an Gott, den einzigen wahren Richter, abzugeben?“

„Ja.“ Sie hob die gefüllten Hände zum Herrn und als sie die Hände ausbreitete und alles an den Herrn losließ, verschwanden die Schmerzen aus Kopf, Nacken und Schultern.

Dennis sagte zu ihr: „Wenn Sie morgen früh aufwachen, werden Sie noch mehr Heilungen entdecken.“ Am nächsten Tag kam sie zum Treffen und erzählte ihm, dass ihr Kiefer geheilt worden war. Jahrelang konnte sie ihren Kiefer nicht ordentlich schließen und über Nacht hatte der Herr alles wieder eingerenkt!

Dennis spricht bei einer Pastorenkonferenz in Lima, Peru

„Der Bus gehört Ihnen!"

In Peru hatte Dennis ein Wort der Erkenntnis, dass jemand einen Kleinbus für sein Geschäft gekauft hatte und jemand anderes versuchte, ihm den wegzunehmen.

Ein Mann kam nach vorne und sagte, das Wort sei für ihn. Er hatte einen größeren Bus erworben, um ihn geschäftlich für Touristengruppen zu nutzen, und ein Unternehmen hatte versuchte, den Vertrag nicht einzuhalten und ihm den Bus nicht zu geben.

Dennis proklamierte das Wort vom Herrn: „Der Bus gehört Ihnen!"

Innerhalb von zwei Tagen gehörte der Bus ihm! Wenn wir später aus den Vereinigten Staaten kamen, fuhr er uns mit diesem Bus durch Lima zu den Veranstaltungen.

Ungewöhnliche Anweisungen für Heilung in Peru

Auf einer Pastorenkonferenz in Peru hatte Dennis ein Wort der Erkenntnis über Prostataprobleme. Zwei Männer, die in dem Bereich Heilung brauchten, kamen nach vorne. Als Dennis für den ersten Mann auf Gott wartete, hörte er Ihn sagen: „Schlage ihm richtig fest in den Magen."

Dennis war bestürzt und begann den Herrn in Frage zu stellen: „Herr, er hat da schon ein Problem und wenn ich ihn schlage, könnte es echt Schaden anrichten, nicht wahr?"

„Möchtest Du, dass er geheilt wird?", fragte der Herr. „Dann schlage ihm stark in den Magen."

„Kann ich meine Hand dazu öffnen?", erkundigte sich Dennis,

weil er immer noch die Weisheit in dieser Sache in Frage stellte.

„Ja, aber schlage hart zu."

Also holte Dennis aus und gab ihm einen kräftigen Hieb. Später fragte er sich, ob er den armen Kerl hätte vorwarnen sollen, denn er hatte mit geschlossenen Augen und leicht erhobenen Händen auf ein nettes Heilungsgebet gewartet. Stattdessen bekam er einen Schlag, nach dem er erst mal keine Luft mehr bekam. Wahrscheinlich unter Schock akzeptierte er es und „nahm es wie ein Mann".

Leider hatte der Mann neben ihm alles beobachtet. Er drehte sich um und sah seine Frau an mit einem Ausdruck, der wohl „Hilfe!" und „Worauf habe ich mich da nur eingelassen?" bedeuten sollte. Aber er entschied sich wohl dafür, dass er es aushalten könne. Er drehte sich um, schloss seine Augen, hob seine Hände, spannte seine Bauchmuskeln an und bekam einen verkrampften Gesichtsausdruck! Als Dennis mit seiner Hand ausholte, um die Handlung zu wiederholen, sprach der Herr zu ihm: „Ich habe Dir nicht gesagt, dass Du ihn schlagen sollst."

„Okay, was soll ich dann tun?"

„Lege einen Finger ganz sanft auf seine Stirn."

Der Mann stand also mit zusammengebissenen Zähnen und für alles bereit da und Dennis legte ihm nur einen Finger auf die Stirn.

Am nächsten Tag kamen beide Männer zur Veranstaltung und berichteten, dass alle Symptome verschwunden und sie geheilt waren!

So wie Jesus im Neuen Testament für drei blinde Männer unterschiedlich gebetet hatte, so hatte der Herr für die gleiche Not unterschiedliche Anweisungen gegeben und beide wurden geheilt. Der Herr schaut nach denen aus, die seinen Anweisungen folgen und sich nicht auf Methoden der Vergangenheit verlassen. Selbst Moses kam nicht ins verheißene Land, weil er in Routine verfallen war, anstatt Gottes Stimme zu gehorchen. Als Gott ihm auftrug, beim zweiten Mal zu dem Felsen zu sprechen, schlug er auf den Felsen, wie er es schon einmal getan hatte. Erstaunlicherweise kam trotzdem Wasser heraus. Aber der Herr schaut nach denen aus, die im Dialog mit ihm bleiben und tun, was er sagt.

Die „Decken"-Heilung

2003 wohnten wir außerhalb von Las Vegas in einer Berghütte, bis unser neues Haus in der Stadt fertig gebaut war. Ein paar Familienmitglieder und Freunde kamen zu Besuch und unser Schwager Craig erzählte uns von Schmerzen in seinen Beinen, die durch Diabetes verursacht wurden. Wir unterhielten uns weiter, bis Dennis plötzlich sagte: „Craig, ich habe gerade ein Bild gesehen, was ich tun soll. Darf ich es ausprobieren? Im schlimmsten Fall wird Dein Haar durcheinandergebracht." Dennis hatte eine Initiative des Himmels gesehen – er sah, wie etwas im Himmel getan wurde, und wollte es hier auf der Erde tun.

„Klar, mach's einfach", antwortete Craig.

Also schnappte sich Dennis eine kleine Decke vom Sofa, warf sie für eine Minute über Craigs Kopf und zog sie dann wieder herunter. Als er das tat, breitete sich eine Kraftwelle durch den Raum aus. Zwei Freundinnen unterhielten sich mit dem Rücken zu uns. Sie wurden auf die Wand zu geschoben. „Wow, was war das?", fragte eine von ihnen. Dann erreichte die Kraft Dennis' Schwester Dara auf der anderen Seite des Zimmers und sie fing an zu weinen. Craig sah nur etwas verblüfft aus.

Wir unterhielten uns weiter, als Dennis auf einmal Craig

bemerkte, der auf dem Holzboden vor der Feuerstelle auf den Zehen auf und ab wippte. Er fragte ihn: „Was ist los?" „Ich bringe es nicht fertig, dass meine Beine weh tun. Normalerweise habe ich starke Schmerzen, wenn ich auf einem harten Boden stehe. Aber ich stehe hier schon lange und habe überhaupt keine Schmerzen!", rief Craig aus.

„Sie werden einen Sohn bekommen"

Dennis diente in einer unserer neu gegründeten Gemeinden in Las Vegas, als er sich auf einmal zu einer der Frauen im Lobpreisteam umdrehte. Sie und ihr Mann waren schon einige Jahre verheiratet und konnten keine Kinder bekommen. „Innerhalb eines Jahres werdet ihr einen Sohn bekommen!", verkündete er.

Kurz darauf wurde sie schwanger und fand etwas später auch heraus, dass es ein Junge war. Nun sind sie Eltern eines gesunden Jungen. Wir haben erlebt, wie Gott in seiner Gnade einigen unfruchtbaren Paaren Kinder geschenkt hat, nachdem es durch das Wort des Herrn in Existenz gerufen worden war.

Eine Zyste verschwindet

Bei einer anderen Gelegenheit besuchen uns Jose und seine Frau, Pastoren einer unserer spanischen Gemeinden, einen Tag in der Berghütte. Wir unterhielten uns über die Dinge des Herrn und aßen eine herzhafte Suppe zusammen. Als sie wieder gehen wollten, schlug ich vor, für Rosita zu beten, da sie eine große schmerzhafte Zyste in ihrem Eierstock hatte. Die Ärzte wollten eine Hysterektomie durchführen.

Wie gewohnt wurden wir einfach still und hörten, was der Herr uns auftragen würde. Dennis sah ein Bild, wie Jesus sein Ohr auf die Gebärmutter legt, und fragte: „Was mache ich damit?" Und der Herr antwortete: „Tue auf der Erde, was Du im Himmel siehst." So bat er mich, mein Ohr auf ihren Unterleib zu legen. Als ich das tat, hatte er den Eindruck, er solle ihr die Hand auf den Kopf legen und spontan kamen die Worte heraus: „Der Herr sagt, er hört Deinen leisesten Schrei." Plötzlich fing Rosita an, sich zu schütteln, fiel auf den Boden und lachte und weinte gleichzeitig mehrere Minuten lang.

Schließlich fragte Dennis sie, was los wäre. Sie rief: „Ich habe mich noch nie so gefühlt!" Immer noch lachend und weinend stand sie auf, bewegte ihr Bein auf und ab und drückte auf ihren Unterleib.

„Was tust Du?", fragte Dennis.

Sie suchte die Zyste. Dann rief sie: „Der Schmerz ist weg und es fühlt sich leer an!" Wochen und sogar Monate später fragten wir nach, wie es ihr ging, und alle Symptome waren verschwunden!

Fußknochen wachsen zusammen

Eine Frau kam bei einer Veranstaltung in Georgia nach vorne. Als Dennis auf sie zuging, erhielt er ein Wort der Erkenntnis. „Sie haben ein Problem mit ihrem Fuß, nicht wahr?" Sie nickte und Dennis bat eine Frau in der Nähe, die Hände auf ihre Füße zu legen. Er befahl dann, dass alle Knochen an die richtige Stelle kommen sollten. Er ging weiter und betete für jemand anderen.

Danach schaute er zurück und sah, wie sich die Frau immer wieder ohne Schuhe auf die Zehenspitzen stellte.

„Was ist los?", fragte er sie.

„Schauen Sie sich meine Füße an!", rief sie.

„Mir erscheinen sie ganz normal", meinte er.

„Das ist es ja!"

Dann erzählte sie, dass vor Jahren ein Pferd über ihren Fuß gerollt war und jeden Knochen in ihrem Fuß auf eine maximale Länge von 2cm zerbrochen hatte. Nach vielen Operationen tat der Fuß immer noch weh und knickte zur Seite, wenn sie ging. Nun war der Fuß gerade und sie hatte keine Schmerzen mehr!

„Heißes Wasser" und die Heilung einer Gallenblase

Dennis diente bei einer Konferenz von konservativen Pastoren in Cuzco in Peru. Sie wollten unbedingt über den prophetischen Dienst gelehrt werden, waren aber ironischerweise gelehrt worden, dass Heilungen, Wunder und die Gaben des Heiligen Geistes heute nicht mehr existierten. Dennis begann damit, über die Initiativen des Himmels zu lehren und erklärte ihnen, wie man durch die Gaben des Heiligen Geistes Hilfe vom Himmel auf die Erde bringt.

Danach bat ein Pastor Dennis für seine Frau zu beten, die sehr krank zu Hause war. Sie hatte starke Schmerzen durch Gallensteine, konnte aber nicht operiert werden, weil sie schwanger war. Sie bat den Herrn, sie sterben zu lassen, weil die Schmerzen so stark waren, dass sie sie nicht mehr ertragen konnte.

Dennis ging zu ihnen nach Hause und fand sie in Schmerzen auf einer Matte zusammengerollt liegend vor. Er wartete darauf, dass der Herr ihm zeigte, was er tun sollte. Dennis sah, wie der Herr ihr eine vielleicht ein Viertel volle Tasse heißes Wasser zu trinken gab und wusste, dass er „auf der Erde tun sollte, was er im Himmel gesehen hatte". Er bat den Mann um eine Tasse heißes Wasser. Als er sie brachte, vergewisserte Dennis sich, dass das Wasser nicht zu heiß war und schüttete so viel aus, bis sie die Menge enthielt, die er gesehen hatte. Er betete dann, dass das Leben des Himmels hineinkäme. Als die Frau das Wasser trank, wurde ihr Körper von einer unglaublichen Hitze erfüllt und sie spürte, wie die Kraft Gottes durch sie ging.

Am nächsten Tag unterbrach Dennis seine Lehre, um den Mann zu fragen, wie es seiner Frau ginge. Der Mann antwortete: „Sie sitzt genau vor Dir!“ Dennis hatte sie nicht erkannt, weil sie so verändert aussah. Er rief sie dann nach vorne.

Sie erzählte allen Pastoren, wie krank sie gewesen war und von dem Gebet für sie. Sie erklärte, wie Hitze ihren Körper erfüllt hatte, als sie das Wasser getrunken hatte, und wie die Schmerzen gegangen waren. Sie war vollständig geheilt.

Nun glaubten die Pastoren, dass auch heute noch Wunder passieren. Sie waren alle hungrig nach mehr vom Herrn und viele wurden geheilt und mit dem Heiligen Geist erfüllt.

Jesus, der himmlische Chiropraktiker

In Montana kam Debra zum Gebet nach vorne. Sie hatte vor 27 Jahren mit uns im Dschungel gewohnt. Als Dennis auf sie zu ging, bekam er ein Wort der Erkenntnis. „Lynnie, lege Deine Hände auf ihre Hüften. Gott möchte den unteren Rücken und die Hüften gerade ausrichten.“ Debra erzählte, dass es stimmte. Sie hatte durch eine Verkrümmung viele Schmerzen gehabt, auch wenn es nicht erkennbar war.

Als wir ihr sanft die Hände auflegten, rutschten die Knochen mit lautem Krachen an die richtige Position.

„Habt Ihr das gehört?!“, rief sie. Gott hatte als himmlischer Chiropraktiker eingegriffen.

Solche Erlebnisse sind auf jeden Fall viel besser als die frühere Art zu beten, bei der wir laut riefen, spuckten und Gebete von anderen nachmachten. Solche Gebete sahen vielleicht gesalbt aus, brachten aber nicht viel Frucht. Vom Heiligen Geist geführt zu werden ist eindeutig besser!

Ein Dämonisierter wird durch eine Initiative des Himmels frei

In Peru hielten wir auf einem Stadtplatz eine Evangelisation ab, als ein Dämonisierter schreiend und kämpfend in die Menge kam und sich am Boden krümmte. Als Jim anfing, über Errettung zu predigen und Dennis ihn übersetzte, rief er uns auf der Bühne zu: „Kommt hier herunter und kämpft mit mir.“ Er hatte die Aufmerksamkeit der Menschenmenge bekommen und mehrere Ordnungsleute versuchten ihn zurückzuhalten. Einer wurde dabei im Gesicht geschnitten. Der Feind verwendete diesen jungen Mann, um die Menschen abzulenken. Plötzlich empfing Dennis „eine Initiative des Himmels“ und wusste, was er tun sollte. Dennis erklärte Jim, dass er empfand, er sollte hinuntergehen und diese Situation konfrontieren, womit Jim einverstanden war. Auf dem Weg die Treppe hinunter bat er um eine Wasserflasche. Unten angekommen zog er ungefähr sechs Ordnungsleute und Pastoren von dem jungen Mann herunter. Der Dämonisierte wirkte so, als wäre er am Boden festgenagelt, auch nachdem alle anderen Männer von ihm weg waren. Vielleicht kam das durch Engel.

Dennis tat, was er in einer Vision gesehen hatte. Er spritzte Wasser in das Gesicht des Mannes und auf seinen Magen. Der junge Mann reagierte, als wäre Säure über ihn gegossen worden. Dennis erfuhr den Namen des Mannes von seiner Mutter, die in der Nähe stand, ging auf Augenhöhe mit ihm und sagte: „Anderson, möchtest Du hiervon frei werden?" Mit Mühe nickte er seine Zustimmung. „Dann musst Du deine Beschäftigung mit Hexerei widerrufen." Das war das Wort der Erkenntnis, das er bekommen hatte. Er leitete ihn in einem Gebet, in dem er der Hexerei absagte und diese Türen für den Feind schloss, und der Mann sprach ihm nach. Dann sagte Dennis: „Jetzt musst Du Dein Leben Jesus geben. Bist Du bereit dazu?" Er nickte und wiederholte ein Gebet, in dem er Jesus als seinen Retter annahm. Dann fragte Dennis: „Möchtest Du aufstehen?" Er nickte und stand auf. „Umarme mich", forderte Dennis ihn auf und das tat er. „Jetzt komm mit mir auf die Bühne und erzähle allen, was gerade geschehen ist!"

Der junge Mann kam auf die Bühne und berichtete allen, dass er vor zwei Jahren mit Hexerei begonnen hatte. Er hatte etwas von einem Medizinmann gegessen und wurde dämonisiert. Dann sagte er: „Aber Jesus hat mich gerade befreit!" Die Menge jubelte und der Mann saß den Rest des Abends ruhig auf der Bühne. Hunderte kamen nach vorne und nahmen Jesus als ihren Retter an.

Der junge Mann kam von da an zu den Veranstaltungen, um so viel wie möglich zu lernen. Am nächsten Tag lehrte ich eine Einheit und lud die Menschen ein, nach vorne zu kommen, wenn sie die Taufe im Heiligen Geist wollten. Dieser junge Mann kam mit vielleicht fünfzig anderen und empfing den Heiligen Geist. Dennis prophezeite bei einem anderen Treffen, dass Gott ihn mächtig gebrauchen würde. An dem Abend, als der Mann befreit wurde, kamen einige Pastoren mit Dennis nach Hause und wollten wissen, wie er es geschafft hätte. Zwei Jahre lang hatten sie die Dämonen in ihm bekämpft. Dennis lud sie zu den Tagesveranstaltungen ein. Dort konnten sie lernen, wie man die Initiativen des Himmels erkennt, um die Werke Jesu zu tun, und wie man in jeder Situation vom Herrn sehen und hören kann. Auch die Handlung mit dem Wasserspritzen war keine Methode gewesen, sondern eine Anweisung vom Herrn für diese spezielle Situation. Dennis erklärte ihnen dann die fünf geistlichen Sinne, die die Gläubigen aktivieren und gebrauchen müssen.

Preist den Herrn! Was der Feind als Störung einer Evangelisationsveranstaltung gedacht hatte, wurde vom Herrn zu Seiner Ehre gebraucht und diente als Lehrbeispiel für die Pastoren.

Einfluß der „International School of Ministry"

Um 2001 herum erfuhren wir von der International School of Ministry (I.S.O.M.), einer Video-Bibelschule mit Lehren von einigen der besten geisterfüllten Lehrer weltweit, wie Jack Hayford, Joyce Meyer, Reinhardt Bonnke, T.L. Osborn, Marilyn Hickey und viele andere. Wir machten den Kurs und nahmen ihn dann mit nach Übersee zu anderen Gemeinden, denn er wurde in ungefähr siebzig Sprachen übersetzt.

Wir sandten den Video-Bibelkurs an Pastor Edgar Iturri und seine Frau Doris, die unser Gemeindenetzwerk in Peru leiten. Wir wussten nicht, dass Doris noch nicht mit dem Heiligen Geist erfüllt war, aber sie war so hungrig nach Gott, dass sie mindestens zwei Stunden am Tag im Gebet verbrachte.

Eines Tages sah sie sich eine Lehre von A.L. Gill über das übernatürliche Leben an. Als er die Zuschauer in der Erfahrung der Taufe im Heiligen Geist anleitete, betete sie mit. Plötzlich sah sie eine große Taube in ihr Schlafzimmer fliegen und auf ihrem Kopf landen. Sie fiel unter der Kraft und begann, in Sprachen zu reden.

Vier Tage später rief ihr Mann uns etwas besorgt an. Er erklärte Dennis, dass sie nur noch in Sprachen reden konnte und fragte ihn, ob sie jemals wieder auf Spanisch sprechen würde. Er erzählte, dass er sie sogar auf den Markt mitgenommen hatte, um sie herauszureißen, aber sie verlangte alles in Sprachenrede! Schließlich fand er heraus, dass sie auf Spanisch schreiben konnte. Dennis erklärte ihm, das sei ein Zeichen und ein Wunder und kein Grund zur Besorgnis. Gott wusste, was er tat.

Doris sprach insgesamt 15 Tage in Sprachen und der gesamte geistliche Raum öffnete sich ihr. Sie wurde in den Himmel entrückt und sah wunderbare Dinge. Sie konnte eine Person ansehen und wusste Dinge über sie, weil sie Wörter auf ihrer Brust geschrieben sah. Sie wurde eine „sehende Prophetin".

Einmal kam ein junger Pastor in die Gemeinde und Doris sah das Wort Ehebruch auf seine Brust geschrieben. Im Privaten fragte sie ihn, mit wem er eine Affäre hätte und er antwortete ihr, dass das überhaupt nicht der Fall sei. Darauf fragte sie ihn: „Warum sehe ich es dann auf Deine Brust geschrieben? Ich werde den Herrn fragen, wie sie heißt". Kurz darauf gab der Herr ihr den Namen der jungen Frau. Sie ging zu ihr und fragte sie, ob sei eine Affäre mit diesem jungen Pastor hatte. Sie brach zusammen, weinte und bekannte es. Es muss nicht extra gesagt werden, dass der Pastor es dann doch zugab und für einige Zeit der Buße und Wiederherstellung aus dem Dienst genommen wurde.

Als geheime Sünden offenbart wurden, kam die Furcht des Herrn auf die Gemeinde. Andere wurden durch Doris im Herrn ermutigt, weil sie viele prophetische Worte vom Herrn über die Berufungen Gottes auf deren Leben bekam. Einmal zeigte ihr der Herr, dass ein junger Mann kurz davor stand, Selbstmord zu begehen. Als sie liebevoll mit ihm redete, weinte er und wurde freigesetzt. Der Herr zeigte Doris Geheimnisse über Menschen auf der Straße, über ihre Friseurin, oder über Menschen auf dem Markt und viele kamen dadurch zum Herrn.

Irgendwann riefen wir Berin Gilfillan, den Gründer der I.S.O.M., an und erzählten ihm von den Auswirkungen der Videos in Peru. Er stellte die Verbindung zu A.L. Gill her und als wir mit ihm am Telefon redeten, freute er sich mit uns. Später trafen wir ihn und seine Frau Joyce. Sie sind weltweit für viele geistliche Eltern geworden und als solche haben auch wir sie lieb gewonnen. Ein paar Mal nahmen wir sie mit nach Peru, wo sie auf unseren jährlichen Konferenzen sprachen. Als Doris A.L. Gill sah, meinte sie zu mir: „Ich wusste nicht, dass er so groß ist, aber die beiden Engel links und rechts von ihm sind noch größer!"

Später heiratete unsere Tochter Kelly James Kallas, der bei der I.S.O.M. im Hauptquartier in Kalifornien arbeitete. Und unser anderer Schwiegersohn Paul Ogando begann auch Vollzeit für I.S.O.M. zu arbeiten, teilweise als Übersetzer.

Dieser Dienst erreicht Millionen von Menschen weltweit und gibt eine gute Grundlage der Jüngerschaft im Herrn.

Lehren

Unser Wunsch ist es, mit unseren Lehren alle zu ermutigen, die Werke Jesu zu tun. Dennis und ich lehren über Gottes Stimme hören, die fünf geistlichen Sinne entwickeln, Intimität mit dem Vater, Fürbitte, den prophetischen Dienst, die Initiativen des Himmels erkennen, offenen Himmel, Heilung, Leiterschaft, Ehe und Familienthemen, Frauenthemen, die organische Gemeinde, Gemeinde, die im

Heute lebt, Pioniergemeinde, und Themen wie „Die neun tödlichen Umarmungen". Dabei handelt es sich um geistliche Bindungen, die entstehen, wenn eine Person nach einer Verletzung nicht bereit ist zu vergeben und in Beleidigtsein und Ärger verharrt. Am meisten begeistert es uns, von Menschen zu hören, die die Wahrheiten ergreifen und in ein übernatürliches Leben mit Gott kommen.

Neue Vision für Las Vegas

Als wir in den vollzeitlichen Reisedienst starteten, überlegten wir, aus Las Vegas wegzuziehen. Aber ein Prophet nach dem anderen sagte uns: „Ihr dürft auf keinen Fall gehen. Eine Erweckung wird ausbrechen und Ihr werdet sie verpassen, wenn Ihr wegzieht. Ihr habt viele Jahre Samen gesät und Ihr habt hier geistliche Autorität." Also verkauften wir unser altes Haus, kauften in der Stadt ein anderes und suchten den Herrn für die Stadt.

2004 gab Gott uns die Vision für ein Apostolisches Trainingszentrum. Dazu sollten eine Schule zur Zurüstung zum Dienst, kostenlose Lehrmaterialien und ein Gebetszentrum gehören. Das Trainingzentrum sollte Menschen aktivieren, in prophetische Evangelisation, Heilung der Kranken sowie innere Heilung und Befreiung zu gehen. Durch eine Video-Bibelschule sollte eine biblische Grundlage gelegt werden. Unsere Motivation ist es, die ganze Stadt zu segnen. Jeder, der lernen möchte, die Werke Jesu zu tun, darf kommen.

Veränderung der Kirche im Allgemeinen

Wir glauben, Gott hat gesprochen, dass er das Erscheinungsbild der Kirche insgesamt verändern wird. Er wird seine Gnade von alten Methoden, die in der Vergangenheit funktioniert haben, nehmen und die Gemeinde wird nicht mehr wie bisher sein. Wir sind uns nicht sicher, wie das letztendlich aussehen wird, aber wir wissen, dass er den gesamten Leib Christi schütteln und mobilisieren will. So wird eine mächtige Armee entstehen, die Seine Werke in der Welt tut.

7

Begegnungen im Himmel

Wie im Himmel, so auf Erden

Das Zelt

2002 ging Dennis mit einer Gruppe aus unserer Gemeinde von Las Vegas nach Abbotsford in Kanada zu einer Konferenz über den Offenen Himmel mit Todd Bentley und Patricia King. Auf der Heimreise hatten Dennis und sein Team vor ihrem Rückflug etwas Zeit und beteten, wohin sie gehen sollten. Sie fuhren im Auto und fühlten sich wie „heiße Kohlen im Feuer" in der spürbaren Gegenwart Gottes, als plötzlich jeder von ihnen eine Vision über das hatte, was sie tun sollten. Jeder sah sich an einem anderen Ort in der Gegenwart Gottes warten. Einer sah einen See, jemand anders sah einen Wald und die anderen drei sahen einen Park.

„Da ist unsere Ausfahrt!", rief Dennis. Alle sahen das Schild mit der Aufschrift: Waldseepark. Sie fuhren von der Straße ab und wurden dann 45 Minuten lang vom Heiligen Geist weitergeleitet. An jeder Kreuzung oder Abbiegemöglichkeit spürten alle, in welche Richtung sie fahren sollten; links, rechts, oder geradeaus. Zum Schluss hörten sie alle, wie Gott sagte: „Fahrt langsamer und schaut nach links." Sie kamen an einen kleinen versteckten Park, der „The Gem of King´s County" hieß. Dort parkten sie das Auto und verteilten sich, um Zeit mit Gott zu verbringen.

Zwei Wochen zuvor hatte eine Frau mit Namen Maria in unserer Gemeinde in einem Gebetstreffen eine Vision gesehen. Bei den wöchentlichen Gebetstreffen verbrachten wir immer 45 Minuten in Stille, um auf die Stimme des Herrn zu hören, während im Hintergrund Lobpreismusik gespielt wurde. Anschließend tauschten wir uns darüber aus, was der Herr gezeigt hatte. Maria hatte uns erzählt, dass sie sich in einer Vision auf einer Wiese von weißen Gänseblümchen umgeben gesehen hatte. Nun entdeckte sie sie im Park und rief: „Da ist meine Gänseblümchenwiese!“, und ließ sich mitten in die Blumen fallen.

Dennis entdeckte einen großen Felsen, kletterte hinauf und brachte sich Gott als lebendiges Opfer dar. Als er wartete, hörte er deutlich, wie Gott zu ihm sagte: „Wenn Du nach Hause kommst, möchte ich, dass Du Dir ein Zelt kaufst. Ich werde Dir im Zelt begegnen und ich werde für Dich das Laubhüttenfest wiederherstellen. Er wusste, dass das Laubhüttenfest das dritte große Fest der Israeliten war. Das erste große Fest, das Passahfest, wurde genau an dem Tag gefeiert, an dem Jesus am Kreuz starb. Es symbolisierte die Errettung. Das zweite große Fest, das Pfingstfest, wurde an dem Tag gefeiert, als der Heilige Geist im Obergemach fiel, wie es in Apostelgeschichte 2 steht. Es symbolisierte die Erfahrung der Taufe im Heiligen Geist. Beim dritten großen Fest, dem Laubhüttenfest, wohnte jeder Israelit in einer kleinen Laubhütte. Es symbolisierte Gottes Wohnung bei den Menschen. Begeistert sprang Dennis vom Felsen herunter und erzählte ein paar anderen von dieser Anweisung.

Während er sprach, sah er auf einmal über sie hinweg und entdeckte einen Baum, dessen Spitze und seitlichen Äste abgeschnitten waren. Er hörte, wie Gott ihn fragte: „Kann dieser Baum leben?“

„Warum, Herr?“, fragte er.

„Wenn ich meine Gemeinde heute richten und jeden Ast abschneiden würde, der nicht auf meine Weise Frucht trägt, würde sie so aussehen.“

Eine Fürbittesalbung stieg in Dennis auf und er rief aus: „Ich befehle Dir zu leben!“ Das überraschte das Paar, mit dem er gerade geredet hatte, und er musste ihnen erklären, was der Herr ihm gerade gesagt hatte. Die drei gingen sofort in tiefe Fürbitte und riefen zu Gott wegen des Zustandes der Gemeinde.

Als Dennis nach Hause kam, ging er sofort in ein Geschäft und kaufte sich ein kleines Einmannzelt. Er verschob die Möbel im Wohnzimmer etwas und baute das Zelt auf. Ich verstand nicht, was das sollte und fragte ihn, ob es nicht nach draußen gehöre. Er erklärte, dass das ein Gebetszelt sei und erzählte mir, was auf der Reise geschehen war. Ich erklärte mich einverstanden und er bat, während seiner Zeit im Zelt nicht gestört zu werden, weil diese Zeit zur Begegnung mit Gott bestimmt war.

Es dauerte nicht lange, bis Dennis Erfahrungen mit dem Herrn machte und manchmal wurde er in den Himmel versetzt. Der Rest der Familie wechselte sich ab und verbrachte auch wunderbare Zeiten mit dem Herrn im Zelt. Wenn wir den Reißverschluss des Zeltes zuzogen, ließen wir alle Ablenkungen hinter uns und unser Glaube, von Gott zu hören, nahm zu. Wir machten sanfte Lobpreismusik an, nahmen einen Schreibblock oder Laptop mit ins Zelt und schrieben auf, was der Herr uns sagte. Selbst wenn wir einschliefen, hatten wir das Gefühl, es sei in Ordnung und Gott sprach oft trotzdem, manchmal durch einen Traum. Es war eine erfrischende Erfahrung.

Wir entdeckten, dass es im Himmel Dinge gab, die Realität waren, aber nicht physisch waren. Anders gesagt: Das waren keine Visionen, die man interpretieren muss, sondern es gibt einen wirklichen Himmel im geistlichen Raum, der genauso real ist, wie der physische Raum, aber mit Sicherheit dauerhafter. Und wir haben die Anweisung: „Sucht, was droben ist, wo der Christus ist, sitzend zur Rechten Gottes!“

Die Steine im Himmel sind lebendig

Bei einer der ersten Erfahrungen, in denen Dennis in den Himmel gehoben wurde, ging er auf einem Pfad im Himmel. Auf beiden Seiten des Pfades lagen Steine und die Steine sahen ihn an! Er war über diese Steine mit Augen sehr erstaunt, aber der Herr sprach zu ihm: „Im Himmel ist alles lebendig. Deshalb werden die Steine mich preisen, wenn mein Volk es nicht tut, und die Bäume auf dem Feld können klatschen."

Dann sagte er weiter: „Erinnerst Du Dich an Aarons Stab? Er lag eine Nacht in meiner heiligen Gegenwart und plötzlich kam Leben aus ihm mit Blüten, Blättern und Früchten. Und erinnerst Du Dich noch an den Baum im Park, bei dem alle Äste abgeschnitten waren, der symbolisch für den Zustand meiner Gemeinde stand? Wenn mein Volk sich Zeit nimmt, um in meiner Gegenwart zu sein, wird es über Nacht das Leben des Himmels hervorbringen."

Das Meer der Versorgung

Bei einer anderen Gelegenheit sah Dennis im Himmel ein ausgedehntes smaragdgrünes Meer, das endlos wirkte. „Was ist das?", fragte er. Immer wenn eine Frage über die Bedeutung einer Sache in seinem Kopf aufstieg, folgte die Antwort gleich darauf.

„Das ist das Meer meiner unendlichen Vorräte, um jeder Not zu begegnen", entgegnete der Herr. Dennis verstand, dass es hier nicht nur um finanzielle Versorgung ging, sondern dass das die Quelle der Versorgung für jede nur erdenkliche Not war. Es gab keine Grenzen. Er wusste: Wenn wir Zeit in Gottes Gegenwart verbringen, wie es uns in Kolosser 3 aufgetragen ist: „Sucht nach dem, was droben ist", werden wir uns von diesen Vorräten im Himmel für jede Not nehmen können. Die Vorräte des Himmels bekommt man durch Glauben, sie sind nicht irdischen Gesetzen der Wissenschaft, Physik, Mathematik oder Vernunft unterworfen.

Matthäus 6 beginnt mit der Anweisung, die Tür des Kämmerleins zu schließen und Gott im Verborgenen zu suchen, und endet mit Gottes überfließender Versorgung.

„Trachtet aber zuerst nach dem Reich Gottes ... und dies alles wird Euch hinzugefügt werden."

Versorgung vom Himmel

An einem Tag krabbelte ich ins Zelt, um mir Zeit zu nehmen, auf Gott zu hören. Ich brachte ihm kurz meine Bitte um Versorgung für eine bevorstehende Reise nach Paris in Frankreich, wo eine neue Gemeinde gegründet worden war. Dann lag ich still in der Gegenwart des Herrn, ich drückte Ihm einfach meine Liebe aus und dachte nicht mehr an die Sache.

Auf einmal sah ich, wie sich eine Hand vom Himmel zu mir ausstreckte. Sie war voller Perlen. Ich streckte meine Hand nach oben, nahm die Perlen und sah das als Zeichen für Gottes Versorgung vom Himmel.

Ein paar Stunden später kam eine Frau an die Tür und erklärte, dass der Herr ihr aufgetragen hatte, uns für die Reise ein Opfer zu geben. Sie hatte das vorher noch nie getan und auch danach nicht mehr, deshalb war ich mir sicher, dass das die Versorgung war, die ich zuvor symbolisch vom Himmel empfangen hatte.

Wir flogen nach Paris zu Pastorin Vangie, die von unserer Gemeinde in Las Vegas dorthin gegangen war, um eine Arbeit in Frankreich aufzubauen. Nach unserer Ankunft sagte sie mir, sie hätte etwas für mich. Der Herr hatte ihr aufgetragen, mir ein Geschenk zu geben. Sie brachte mir eine Tüte mit einem kompletten Perlenset: Kette, Armband und Ohrringe! Nun hatten sich meine Perlen vom Himmel auf zweifache Weise hier auf der Erde gezeigt.

Der Herr offenbart Seine Liebe vom Himmel

Während ich Zeit im Zelt verbrachte, erlebte ich die überfließende Liebe des Herrn. Diese Erfahrungen sind mir so kostbar, dass überhaupt darüber zu reden sich so anfühlt, als würde ein dunkler Schatten das Erlebte bedecken. Deshalb möchte ich nur so viel erzählen: Ich ging mit Ihm spazieren, saß mit ihm zusammen und wir unterhielten uns. Er küsste mein Gesicht mit einer Liebe, die die tiefsten Bereiche meines Seins erfasste. Ich sah sogar, wie er einsam war, wenn ich keine Zeit mit Ihm verbracht hatte.

Die Braut wird entschleiert

Dennis hatte bei einer seiner Zelterfahrungen eine himmlische Offenbarung über die Gemeinde: Der Schleier der Braut wurde weggenommen. Er sah, wie Schicht um Schicht entfernt wurde und spürte eine zunehmende Vorfreude auf die vollständige Offenbarung der Gemeinde. Er zitterte, weil er die Emotionen des Herrn bei der Enthüllung spürte und spürte Seine tiefe Liebe für sie. Schließlich wurde ihre Schönheit in ihrer ganzen Fülle offenbart. Sie war lieblich, ohne Flecken, und strahlend. Ihr wurde dann vor dem Kommen des Herrn und der Hochzeit des Lammes eine Zeit gegeben zu prophezeien.

Himmlische Anweisungen in der Fürbitte

In einer Nacht konnte ich nicht schlafen, deshalb stand ich auf, um im Zelt zu beten. Als ich so da lag, hörte ich auf einmal: „Bete um Schutz für die Menschen in Wisconsin." Ich dachte mir: „Ich kenne niemanden in Wisconsin und ich weiß noch nicht einmal, wo es liegt." Aber ich betete trotzdem und im Dunkeln schrieb ich „Wisconsin" in mein kleines Notizbuch. Das sollte mich für den Fall, dass ich einschlafen sollte, daran erinnern, dass ich für Wisconsin gebetet hatte.

Ein paar Tage später kam in den Nachrichten, dass Wisconsin von mehreren Tornados heimgesucht worden war, die Kirchen, Geschäfte und Privathäuser zerstört hatten. Es war aber nicht ein Mensch getötet worden!

Ein anderes Mal tauchten Bilder von einzelnen Personen vor mir auf und Gott gab mir zu jedem Worte und Anweisungen, wie ich für sie beten sollte. Diese Leute waren von überall auf der Welt. Mit manchen telefonierte ich später, für andere betete ich einfach nur. Ich hatte gelernt, dass der Herr uns oft Informationen zum Beten gibt, aber nicht immer zum Weitererzählen. Ich wusste, sie lagen Gott am Herzen und folgte seiner Eingebung.

Fürbittegebet – vom Himmel inszeniert

Anfang 2004 wurde ich in der Nacht aufgeweckt und hatte den dringlichen Gedanken: „Irgendwo auf der Welt wird gleich eine Bombe hochgehen und Du musst aufstehen und beten, dass es abgewendet wird." Ich überlegte mir, ob das nicht meiner Phantasie entsprungen war, und war zu müde um aufzustehen. Aber die Botschaft kam noch einmal, dieses Mal stärker, so wie eine „innere hörbare

Stimme“. Also stand ich auf, kniete mich in unserem begehbaren Kleiderschrank nieder und betete, dass der Anschlag aufgedeckt und nichts passieren würde. Ich betete weiter, wie der Geist mich führte und dann hörte ich: „Es ist erledigt. Du kannst jetzt wieder ins Bett gehen.“

Ich stand auf, um schlafen zu gehen, doch dann kniete ich mich noch einmal hin und fügte eine kleine Bitte hinzu: „Herr, es wäre echt schön, wenn ich morgen in den Nachrichten darüber hören würde, auch wenn normalerweise eine nicht detonierte Bombe nicht in die Schlagzeilen kommt.“ Danach ging ich ins Bett.

Als ich am nächsten Morgen aufwachte, erzählte ich Dennis, was ich in der Nacht gehört hatte. Er erwiderte: „Dann machen wir doch mal den Fernseher an und schauen, was die Nachrichten bringen.“

Wir schalteten zu CNN und hörten die Schlagzeile: „In Spanien wurde eine große Bombe auf den Schienen gefunden.“ Es wurde weiter berichtet, dass sie ein Schienenarbeiter gefunden hatte. Sie war fertig zusammengebaut und bereit zu explodieren, aber wer auch immer den Zeitzünder hatte, musste irgendwie abgeschreckt worden sein! Einige Tage zuvor war eine Bombe explodiert, bei der Hunderte ums Leben gekommen waren. Die Nachrichten über die Bombe überschatteten die Amtseinführungsfeier der neu gewählten Staatsführung. Wow! Es kam wirklich in den Nachrichten!

Ich bekam ein demütigendes und überwältigendes Verständnis über Gottes Handeln. Auf der Erde hat Er den Menschen Autorität gegeben. Er hat sich entschieden, durch Sein Volk zu handeln. Er weckte mich und vielleicht noch viele andere, um in dieser Situation Seine Kraft freizusetzen. Das Einzige, was ich tun musste, war auszusprechen, was er mir sagte und Er handelte! Kann es noch einfacher sein?

Innere Heilung vom Himmel

Während der Ausgießung des Heiligen Geistes zur Erneuerung Mitte der neunziger Jahre hatte ich von vielen gehört, dass sie übernatürlich von inneren Problemen wie Verletzungen, Unvergebenheit und fehlender Vaterliebe geheilt wurden. Inzwischen hatten wir 2004 und ich kämpfte immer noch mit Reiseangst, was jetzt, da wir um die Welt reisten, ein riesiges Problem war. Als ich mit dem Herrn Zeit im Zelt verbrachte, begann Er mich zu heilen.

Einmal sah ich mich zusammen mit Jesus und Er wollte mit mir in einem schnell fließenden Fluss schwimmen gehen. Ich erklärte Ihm, dass ich Angst davor hätte, in so einem Fluss zu schwimmen. Er erwiderte: „Hab keine Angst, ich werde Dich halten." Also legte Er Seine Arme um mich und wir schwammen. Ich fühlte mich sehr erfrischt. Dann nahm Er mich mit auf eine Klippe und forderte mich auf, in den Fluss zu springen. Auch da erklärte ich Ihm, dass ich Höhenangst hätte. Er entgegnete: „Mach Dir keine Sorgen, ich werde Dich halten." Ich sprang mit Ihm von der Klippe in den Fluss. Wir schwammen und dann warf Er mich von dort aus in die Luft und ich flog! Mir wurde bewusst, dass der Herr mich dazu brachte, mich meinen Ängsten zu stellen. Und indem Er mich festhielt, setzte Er mich frei.

Diese Ängste hatten sich bei mir festgesetzt, als ich als Kind in Peru lebte. Auf Fahrten zu Internatsschulen waren die Fahrzeuge auf den matschigen Straßen oft bis an den Rand von Schluchten und Klippen gerutscht. Ich flog über die Anden, bevor es Flugzeuge mit Druckausgleich gab und musste auf Flügen aus Sauerstoffflaschen atmen. Unsere Ohren knackten mit fürchterlichen Schmerzen und es wurde uns übel. Auf den schmalen erdigen Straßen der Anden war es riskant, an anderen Fahrzeugen vorbeizufahren. Ich hatte Angst vor dem Schwimmen, vor Höhen und kleinen engen Räumen.

Jahre später verstärkte ein Erlebnis in Peru diese Ängste noch: Wir brachten ein Team aus Las Vegas für eine Evangelisation in eine hochgelegene Stadt im Dschungel. Das Flugzeug für unseren Rückflug war nicht groß genug, um alle Passagiere, die mitkommen wollten, aufzunehmen. Aber nach langer Diskussion war die Fluglinie doch bereit, alle mitzunehmen. Sie sagten, sie müssten „ein paar kleinere mechanische Anpassungen" vornehmen. Als nächstes sah man einen kleinen Jungen auf einen Flügel springen und den Tank öffnen. Er nahm einen kräftigen Zug aus einem Schlauch und ließ Treibstoff aus dem Tank. Vermutlich dachten sie, sie müssten das Mehrgewicht der Passagiere irgendwo anders ausgleichen.

Wir kletterten an Bord und quetschten uns auf die beiden sich gegenüberliegenden Bänke. Die Kinder stapelten sich beim Gepäck hinten im Flugzeug und die Piloten saßen vorne im offenen Cockpit. Als wir zum Abheben die Startbahn dahinrasten, schrie der Pilot: „Ich glaube, mit all dem Gepäck dahinten bekomme ich das Ding nicht in die Luft! Reicht das Gepäck nach vorne!" Also nahmen wir es schnellstens nach vorne auf unseren Schoß. Wir mussten sofort aufsteigen, weil wir von hohen Bergen umgeben waren. Als wir an Höhe gewannen, begann eine Frau aus dem Team zu weinen und ich versuchte einfach, nicht aus dem Fenster zu sehen.

Bei einer anderen Gelegenheit waren Dennis und unser Sohn Denny flussabwärts raften und krachten in eine Blockade, die durch eine von Terroristen in die Luft gesprengte Brücke verursacht wurde. Sie wurden schlimm zugerichtet und Dennis musste sich mit vielen Kratzern unter Wasser einen Weg durch die Äste eines Baumes bahnen. Es war das dritte Mal, dass Dennis in Peru fast ertrunken wäre, aber der Herr war barmherzig. Das waren nur einige der „lustigen“ Geschichten, die zu meiner Reiseangst beigetragen hatten. John und Glenna Miller, die ich in Peru übersetzte, beteten für mich und dienten mir in innerer Heilung. In ihrem Seminar „Taking the Land“ (Das Land einnehmen) ging es um die Befreiung von vielen inneren Problemen. Ich hatte gesehen, wie viele durch ihren Dienst radikal verändert wurden. Als sie für mich beteten, befreite mich der Herr von dem Eintrittspunkt, durch den die Ängste in mich gekommen waren. Auf der nächsten Busfahrt über die Anden schlief ich die ganze Fahrt hindurch, was ein Wunder war.

Jahre später diente Gott mir nun direkt in diesem Bereich, während ich Zeit mit Ihm verbrachte. Er gab mir Sicherheit in Seiner Fürsorge. Wenn von da an Ängste mein Herz erfassten, was viel seltener vorkam, konzentrierte ich mich einfach auf Sein Gesicht und Frieden kam auf mich. Ich begann mich sogar auf Reisen zu freuen!

Korrektur vom Himmel

Während einer Zeit im Zelt drückte ich dem Herrn meine Liebe aus und spürte Seine große Liebe zu mir. Plötzlich flüsterte Er mir ins Ohr: „Du reagierst doch manchmal Dennis gegenüber in einer bestimmte Weise, woraufhin er heftig wird? Ich will nicht, dass Du das weiter tust, okay?“

„Okay, ich werde es nicht mehr tun“, antwortete ich sogleich. Ich war mir dessen vorher gar nicht bewusst gewesen, aber jetzt fand ich es einleuchtend. Er sprach so liebevoll mit mir, dass es sich nicht wie eine Zurechtweisung anfühlte, auch wenn es eine war. Das war die beste Art der Korrektur, die ich je erlebt hatte. Sie war in Liebe eingebettet, diente zur Verbesserung meiner Ehe und beseitigte jeden Widerstand.

Autounfall vorab aufgedeckt

Als ich früh an einem Morgen mit meinem Gebetstagebuch am Küchentisch saß und auf den Herrn hörte, hatte ich einen „leisen“ Gedanken. Ich wusste, dass er vom Herrn war, weil er ohne Furcht kam. Er ließ mich wissen, dass jemand aus meiner Familie einen Autounfall haben würde. Ich hatte gelernt, dass der Herr solche Warnungen nicht gibt, damit wir sie akzeptieren, sondern damit wir gegen die Pläne des Feindes beten. Daher betete ich, dass das Blut Jesu alle Familienmitglieder umgeben solle und dass Gott alle beschützen möge.

An dem Abend kam unsere Tochter Tracie spät von der Universität nach Hause, sie wurde von einer Freundin gebracht. Beschämt erzählte sie mir, dass sie einen Unfall gehabt hatte. Ihr Auto hatte Totalschaden. Ich fragte sie, wie es ihr ging und sie meinte: „Es ist ganz eigenartig, ich habe am ganzen Körper keinen einzigen Kratzer!“ Der Herr hatte sie wirklich bewahrt. Ich überlegte mir: „Vielleicht hätte ich auch um Schutz auf den Autos beten sollen!“

„Entrückt“, um zu heilen

Dennis verbrachte Zeit mit dem Herrn im Zelt und sah sich plötzlich über die Erde fliegen. Er sah den Ozean, dann das Festland und schließlich flog er über eine Bergkette und kam durch einige Täler. Auf einmal erkannte er den Ort Huanuco in Peru. Er sah das Haus von Pastor Edgar, flog durch die Wand und landete neben seinem Bett. Bei Pastor Edgar waren schwere Herzprobleme diagnostiziert worden und sein Arzt hatte ihm gesagt, dass er aufhören müsse als Pastor zu arbeiten oder sonst sterben würde. Er nahm sich stattdessen eine Auszeit von mehreren Monaten, um zu genesen. Dennis ging zu dem schlafenden Mann, legte ihm die Hände auf die Brust und setzte neue Kraft für sein Herz und eine erneuerte Vision im Dienst frei. Dann ging er um das Bett herum und betete für seine Frau Doris um eine frische Begegnung mit dem Heiligen Geist. Auf einen Schlag war er dann wieder zuhause im Zelt.

Dennis erzählte mir von diesem Erlebnis und ich schlug vor, Edgar anzurufen, um zu hören, wie es ihm ginge. Vielleicht war ja etwas geschehen! Wir riefen also an und Dennis fragte Edgar, wie es ihm ging.

„Es ist so eigenartig. Von einem Tag auf dem anderen ging es mir wieder gut."

„Und wie geht es Deiner Frau Doris?"

„Sie hatte plötzlich eine neue Begegnung mit dem Heiligen Geist und redet seit dem in Sprachen!"

Auch wenn Dennis nicht körperlich dort war, so scheint es doch, dass er im Geist dort war. Im Neuen Testament wurde Philippus physisch entrückt, um Gottes Absichten auszuführen. Und Paulus sagte, dass er zwar dem Leib nach abwesend war, doch im Geist anwesend und die Ordnung der Gemeinde sah. Was Dennis erlebt hatte, erweiterte definitiv unser Verständnis darüber, was Gott mit uns tun kann, auch wenn das zu Zeiten des Neuen Testaments „normal" war!

Die Archive des Himmels

Wir dienten in Tijuana in Mexiko und wohnten im Haus von Pastorin Martha Velarde. In der Nacht stand Dennis auf, um zu beten. Es gab keinen Platz für das Gebetszelt, das wir auf Reisen mitnahmen, und so setzte er sich auf das Sofa im Wohnzimmer. Er wartete auf den Herrn.

Auf einmal wurde er in den Himmel gehoben und sah dort, wie das Licht des Throns auf ein Gebäude schien. Er war fasziniert, weil er noch nicht einmal einen Schatten auf die Wand werfen konnte, obwohl er genau daneben entlangging. Er erfuhr, dass das die Archive des Himmels waren und wurde gefragt, ob er hineingehen wolle. Er erwiderte: „Ja“ und war sofort drinnen.

Er befand sich in einer niedrigen verliesartigen Höhle, die modrig und schmutzig war. „Kann so etwas im Himmel sein?“, wunderte er sich. „Vielleicht habe ich mich irgendwie geirrt.“ Doch wie er es auch schon früher erlebt hatte, bekam er auch hier die Antwort sofort, nachdem er eine Frage gestellt hatte.

„Das ist der Ort, an dem Paulus und Silas eingekerkert und in Ketten gelegt waren. Als sie mich priesen, kam die Kraft des Himmels auf die Erde und erschütterte das Gefängnis und sie wurden alle befreit.“ Dennis wurde bewusst, dass die Archive des Himmels nicht mit Papier oder Aktenordnern gefüllt waren, sondern mit Szenen von Ereignissen, die auf der Erde passiert waren.

Er wurde in einen anderen Raum gebracht. Dort saß eine alleinstehende Mutter am Küchentisch ihrer einfachen Wohnung und bat Gott inständig um Weisheit in der Erziehung ihres Sohnes. Gott sprach zu Dennis: „Alle Tränen, die meine Kinder vergießen und alle Schwierigkeiten, die sie durchmachen, sind im Himmel festgehalten.“

Ihm wurde erzählt, dass diese Szenen aus zwei Gründen aufgezeichnet würden. Erstens, damit sie die Engel in der Ewigkeit anschauen können, um die Versuchungen und Siege des Volkes Gottes zu sehen. Zweitens war es das Beweismaterial, das am Tag des Gerichts gegen Satan verwendet werden würde. Dennis begann in Seiner Gegenwart zu weinen, weil ihm aufging, dass alles, was wir auf der Erde tun, für alle Ewigkeit Bedeutung im Himmel hat.

Nach dieser Begegnung fühlte und sah er, wie die Gegenwart des Herrn das Wohnzimmer erfüllte, in dem er betete. Der Herr sagte zu ihm: „Nun lasse ich Dich von einem Zelt zu einem Raum aufsteigen. Im Glauben kannst Du einen Raum mit meiner Gegenwart füllen."

Das versteckte Obergemach

2004 sah Dennis an einem Tag im Gebet eine Vision von einem Boden über unserem begehbaren Kleiderschrank in unserem neuen Haus. Dieser hatte eine ungewöhnlich hohe Decke. Also kaufte er Holz und baute den Boden, so wie er ihn gesehen hatte. Er richtete ihn mit einem Teppich, mit Kissen und einer kleinen Stereoanlage ein und stellte eine Leiter auf, über die man hinaufgelangte. An Stelle des Zeltes verbrachten wir nun dort Zeit mit dem Herrn.

Innige Gebetszeit

Wir haben gelernt, dass Gebet aus zwei Teilen besteht. Zuerst bringen wir unsere Bitten zu Gott, beten Ihn an, beten im Geist und normalerweise reden wir dabei. Oft verpassen wir jedoch den zweiten Teil des Gebets. Dazu gehört Stille, wir bringen unsere Gedanken zur Ruhe, hören auf Seine Stimme, sehen in den Himmel und öffnen uns, um zu empfangen. Als Hilfe lassen wir oft sanfte instrumentale Lobpreismusik spielen, sodass wir einfach in Seiner Gegenwart „soaken[1]" können.

---

1 *Soaking: Das englische Wort „soak" bedeutet „eintauchen" und „aufsaugen". Man kann sich dabei einen Schwamm vorstellen,*

Manchmal verwende ich ein Gebetstagebuch, in das ich zuerst meine Anliegen und meinen Lobpreis schreibe. Danach werde ich still und schreibe auf, was ich empfinde, was Er mir sagt. Mit meinem analytischen Verstand musste ich mich so trainieren, Ihn zu hören. Die Bibel liegt neben mir, weil Er mir oft Bibelstellen gibt, die bestätigen, was Er mir sagt.

Viele Male war die mit Gott verbrachte Zeit einfach ein Glaubensakt, weil nicht viel geschah. Entscheidend ist, dass ich meine beschäftigten Gedanken zur Ruhe bringe und meine Lasten bei Ihm ablade. Wenn ich dann von mir wegschaue und mich auf Ihn konzentriere, werde ich erfrischt, erneuert und bekomme Kraft durch Seinen Geist.

Die im Verborgenen verbrachte Zeit hat große Auswirkungen auf den öffentlichen Dienst. Wenn wir dienen wollen und die Zeit mit Ihm vernachlässigen, dann könnte der Herr sagen: „Ich habe Dich nie gekannt." Der Herr wünscht sich einfach Beziehung. Er hat Sehnsucht nach uns! Und der ins Verborgene sieht, belohnt uns öffentlich.

Gottes Partner – der Himmel begegnet der Erde

Wie demütigend und überwältigend! Der „Riese Gott" handelt durch die „Ameise Mensch". Erstaunlicherweise hat Er uns auch als Partner und Braut ausgewählt und uns Seine Autorität delegiert.

---

der sich mit Wasser vollsaugt. Das ist auch ein passendes Bild für Soaking-Zeiten. Wir tauchen in die Gegenwart Gottes hinein und lassen Ihn an uns wirken. Er durchdringt uns und wir tanken bei Ihm auf.

Der Herr möchte so gerne in Beziehung mit uns sein, dass er sich entschieden hat, mit uns bei Weltgeschehnissen zusammenzuarbeiten. Wir sind Seine Verlängerung vom Himmel auf die Erde, wenn wir erkennen, was Er durch den Heiligen Geist tut. So können wir Kranke heilen, Tote auferwecken, Dämonen austreiben, Essen vermehren, die Schwerkraft überwinden und Wunder wirken. Die vollkommene Herrschaft Seines Königreiches wird kommen, wenn Er wieder erscheint, aber wir können jetzt schon davon Gebrauch machen!

Mein Ziel beim Schreiben dieses Buches war es, jeden Leser zu ermutigen, in eine begeisternde, übernatürliche, innige Beziehung mit dem Herrn zu treten. Das ist Sein Wunsch für jeden Gläubigen. Verbringen Sie Zeit in Seinem Wort, verbringen Sie Zeit im Gebet, verbringen Sie Zeit mit Ihm, bis Er Ihr ganzes Sein erfüllt und dann werden Sie das Übernatürliche in Ihrem Leben erfahren.

Wenn Dennis und ich in die Zukunft blicken, sind wir begeistert. Wir erwarten, dass wir immer mehr Begegnungen mit Gott haben werden. Wir freuen uns auf noch viele Jahre im Dienst.

Begegnungen im Himmel – Vom peruanischen Dschungel nach Las Vegas ist nur der Auftakt zu dem, was Gott noch tun wird.

Lynnie & Dennis Walker
www.DunamisARC.org

Weitere Bücher von

Lynnie Walker

erhältlich bei

www.DunamisARC.org

Empfange

Die Initiativen des Himmels

Der Zugangsschlüssel zur Kraft des Himmels für jedes Bedürfnis auf Erden

von

Dennis Walker

Empfange die Initiativen des Himmels und du wirst übernatürliche Finanzen, Heilung und Befreiung, Totenauferweckung, Weisheit für deinen Beruf, für die Regierung und für die Familie sowie neue Ebenen von Kreativität, Erfindungen, Einfluss und *dunamis* Kraft freisetzen (um nur ein paar zu nennen). Die Welt braucht jemanden, der Zugang zum Himmel hat. Dieser jemand kannst du sein!

„Empfange die Initiativen des Himmels" ist ein Ausdruck, den Dennis Walker gebraucht, um zu beschreiben, wozu wir alle berufen sind: genau zu sehen und zu hören, was Jesus im Himmel tut, um es auf der Erde nachzuahmen, Himmel und Erde in Übereinstimmung zu bringen und explosive Veränderungen hier auf der Erde zu bewirken. Die Gesetze des Himmels heben die irdischen Gesetze der Schwerkraft, Zeit, Mathematik, Wissenschaft und Physik auf. Im irdischen Verständnis ist eins und eins gleich zwei. Im Himmel ergibt eins und eins das, was auch immer Gott will! Wir können das Verbindungsstück zu dieser Art Kraft auf der Erde sein. Dazu müssen wir lernen, wie man diese Verbindung herstellt. Der Schlüssel hierfür wird auf eine sehr praktische und biblische Art und Weise in diesem Buch weitergegeben.

Mach dich bereit, um in eine neue und kraftvolle Lebensweise hineingeführt zu werden, die dein Leben und die Welt um dich herum verändert! Lerne die Initiativen des Himmels zu empfangen!

Zehn Arten Wie Gott Spricht

Gott spricht andauernd. Viele behaupten, dass sie ihn nicht hören. Dieses Buch behandelt zehn der vielen verschiedenen Arten, wie Gott spricht. Vielleicht wirst du erstaunt sein, dass du ihn schon vorher gehört hast. Es wird dich in einen aufregenden Weg mit Gott hineinführen.

In diesen letzten Tagen wird es immer wichtiger, Gottes Stimme zu hören. Dieses Buch enthält Anregungen dazu, ihn noch besser zu verstehen. Dies wird dir in jedem Bereich deines Lebens zum Segen werden, wenn du lernst, schon hier auf der Erde mit der Kraft des Himmels in Berührung zu kommen.